Jet

PLAZA JANÉS

Pedro Almodóvar nace en Calzada de Calatrava, provincia de Ciudad Real, partido judicial de Almagro y arzobispado de Toledo, en los años cincuenta. A los ocho años emigra con su familia a Extremadura. Allí estudia el Bachillerato Elemental y Superior, con los Padres Salesianos y los Franciscanos, despectivamente. Su mala educación religiosa sólo le enseñó a perder la fe en Dios. Por esa época, en Cáceres, comienza a ir al cine, compulsivamente. A los dieciséis años se instala en Madrid, solo, sin familia y sin dinero, pero con un proyecto muy concreto: estudiar y hacer cine. Imposible matricularse en la Escuela Oficial de Cine, Franco acababa de cerrarla. Ya que no puede aprender el lenguaje (la forma), decide aprender el fondo, y se dedica a vivir. Son finales de los 60 y, a pesar de la dictadura, Madrid supone para un adolescente provinciano la ciudad de la cultura y la libertad. Trabaja en múltiples y esporádicos trabajos, pero no puede comprarse su primera cámara de superocho hasta conseguir un empleo «serio» en la Compañía Telefónica Nacional de España. Permanece doce años como auxiliar administrativo. Estos años suponen su verdadera formación. Por la mañana (desde muy temprano) está en contacto con una clase social que de otro modo no habría conocido tan a fondo: la clase media española en el inicio de la época del consumo. Sus dramas y sus miserias. Todo un filón, para un futuro narrador. Por la tarde-noche escribe, ama, hace teatro con el grupo Los Goliardos, rueda películas en super ocho mm. Colabora con distintas revistas underground. Escribe relatos, algunos se publican. Es miembro de un grupo punk-rock paródico, Almodóvar y Mcnamara, etc. Tiene la suerte de que el estreno de su primera película en cines comerciales, coincida con el nacimiento de la democracia española. Después de año y medio de azaroso rodaje, en 16 mm, estrena en 1980 *Pepi, Luci, Bom...*. A partir de este momento el cine se convierte en su segunda naturaleza. Escribe y dirige. Y vive, lo suficiente para poder seguir inventándose historias que estén vivas. Sus películas se estrenan en los cines de todo el mundo y algunas de ellas se han convertido en obras de teatro en España y en Italia.

Jet

PEDRO ALMODOVAR

CARNE TREMULA

EL GUION

PLAZA & JANÉS EDITORES, S.A.

Título original: *Live Flesh*
Diseño de la portada: Studio Gatti, Madrid
Ilustración de la portada: imagen del póster de la película cedida por El Deseo, S. A.
Traducción de Javier Alfaya y Bárbara McShane. Reproducida con autorización de Santillana, S. A.

Primera edición en esta colección: octubre, 1997

© 1986, Kingsmarkham Enterprises
© 1995, Plaza & Janés Editores, S. A.
 Enric Granados, 86-88. 08008 Barcelona

Queda rigurosamente prohibida, sin la autorización escrita de los titulares del «Copyright», bajo las sanciones establecidas en las leyes, la reproducción parcial o total de esta obra por cualquier medio o procedimiento, comprendidos la reprografía, el tratamiento informático y la distribución de ejemplares mediante alquiler o préstamo públicos.

Printed in Spain – Impreso en España

ISBN: 84-01-46168-5
Depósito legal: B. 38.815 - 1997

Fotocomposición: Alfonso Lozano

Impreso en Litografía Rosés, S. A.
Progrés, 54-60. Gavà (Barcelona)

L 461685

A Miguel Ángel Blanco. Mártir.

*Maldito serás en la ciudad, y maldito en
                                [el campo.
Maldita serán tu cesta y tu artesa.
Maldito será el fruto de tus entrañas y el
                              [fruto de tus suelos,
el parto de tus vacas y tus ovejas.
¡Maldito serás cuando entres y maldito
                              [cuando salgas!*

        Deuteronomio, capítulo 28

*La vida es algo maravilloso.
Mi trabajo con los moribundos me ha
    [revelado esta transcendente verdad.*

                        Jane Gardam

AGRADECIMIENTOS

A Ray Loriga y Jorge Guerricaechevarría por su colaboración en el guión. A mi hermano Agustín, Lola García y Paz Sufrategui por documentar mi ignorancia y soportar mis crisis de incertidumbre. A Carlos G. Cambero por descubrirme el barrio de La Ventilla. A Fernando Iglesias por enseñarme las reglas del juego. A todo el equipo de Fundosa por su generosidad y buen rollo, a la ONCE por dejarme meter la narices en todo y dejarme rodar en sus instalaciones sin siquiera haber leído el guión. Y a Ruth Rendell por haberme inspirado la historia.

PRÓLOGO

EPISODIOS DE UN PASEO POR EL MUNDO DE ALMODÓVAR

1

El tercer prólogo

Desconfío de la magia de los números, pero he de reconocer que caigo en ella a veces. Por ejemplo, acabo de darme cuenta de que estoy escribiendo el tercer prólogo de mi vida. Como el 3 conduce a delirios demasiado pitagóricos, intento olvidarme de los prólogos anteriores, pero no puedo. Y es que mi primer prólogo fue para el Apocalipsis de San Juan. Mi editor de entonces me dijo: «Es un best-seller.» No se equivocó: desde su aparición en alguna isla griega, San Juan ha vendido ni se sabe cuántos ejemplares del Apocalipsis, sin cobrar un solo denario por derechos de autor. Mi segundo prólogo fue un encargo para una nueva edición del *Contrapunto* de Huxley: una novela que no deja de ser una versión actualizada del Apocalipsis, en su modalidad inglesa y urbana. Así las cosas, estoy obligado a hacerme una pregunta asombrosa: ¿será también *Carne trémula* una historia apocalíptica?

2

El Apocalipsis según Almodóvar

Propenso a no vivir de las ideas recibidas, propenso a no abrazar esas *grandes ideas* que sólo son grandes debido a la inflación, las historias de Almodóvar se nutren de un lirismo desolado, con breves destellos de felicidad suprema, que a veces coinciden con el final de la fábula, y a veces no. Ya desde su primer largometraje, Almodóvar ha dado razón de una quiebra profunda: el desmoronamiento de una cierta idea de la familia, de una cierta idea del sexo, de una cierta idea del deseo. También ha dado razón de la crisis profunda de la masculinidad. Los hombres de las películas de Almodóvar, acaso como el hombre de ahora, parecen tener rota la columna vertebral de su virilidad, tal como ocurre en *Carne trémula*. En ese sentido, buena parte del cine de Almodóvar ha sido revelador, es decir apocalíptico. Por eso los cielos de *Matador* son como cielos del fin de un mundo, o de fin del mundo. Y por eso el escenario en que se sitúa Víctor, el «buen salvaje» de *Carne trémula*, parece un paisaje después de la batalla, un paisaje que recuerda al pueblo en ruinas que el protagonista masculino de *Átame* encuentra al final del filme.

Dijo un poeta árabe: «Encontrarás sentado el olvido al final de un largo camino de sepulcros.» Y al final de un largo camino de sepulcros encuentra Víctor el retrato de su madre, en una escena de *Carne trémula* en que Almodóvar consigue una imagen bien definitiva del olvido y la quiebra de la que hablábamos.

3

Point Counter Point

Antes hablé de Huxley, y vuelvo a hacerlo ya que fue él quien pensó que el contrapunto (en términos literarios y cinematográficos) sería el arte de combinar simultáneamente las historias, los personajes, los espacios... Hasta ahora mismo, la trayectoria de Almodóvar ha oscilado entre la intención de configurar personajes definitivos, y la intención de configurar mundos. En *Qué he hecho yo*, en *Mujeres al borde de un ataque de nervios* o en *Kika* parece como si a Almodóvar le preocupasen sobre todo los protagonistas; en cambio, en otras películas, como *Pepi, Luci, Bom, Matador* y *Carne trémula*, su ambición parece más en relación con el deseo de configurar todo un mundo, circunstancia que le exige el empleo del contrapunto, es decir, del arte de combinar las historias de forma que den sensación de simultaneidad casi líquida, como si todos los personajes fuesen peces en una pecera esférica, o como si evolucionasen en un mundo cerrado como un sueño, que sin embargo debe y puede acceder a la realidad. Aunque también hay que advertir que nunca Almodóvar había utilizado con tanta mesura y tanta eficacia el contrapunto como en *Carne trémula*. Desde ese y otros puntos de vista puede que sea su obra maestra. Los cinco personajes de la historia tienen un protagonismo muy parecido y parecen prendidos a un mismo registro trágico que va entrelazando sus vidas y sus muertes en un afecto «fluyente» que da al drama cierta naturaleza íntimamente musical y envolvente.

4

Una conversación

Pero olvidémonos por un rato de la teoría y toquemos materia hablando con el autor. Concluido el rodaje de *Carne trémula*, al que asistí con cierta regularidad, Almodóvar está más dispuesto a hablar. Así que me cita un domingo por la tarde en una casa que linda con el campo, a media hora de Madrid. La casa tiene cierto aire mediterráneo pasado por Florida, y se nota poco habitada. De hecho, Almodóvar rara vez para en ella. Sentados junto a la piscina, que permanece cubierta por una lona, empezamos la ronda de preguntas y respuestas.

–En *Carne trémula*, las mujeres tienen más cosas que ocultar que los hombres, ¿por qué? –le pregunto.

Almodóvar se encoge de hombros y contesta:

–Así me lo dictaba la historia, y fue dictándomelo el rodaje a medida que adaptaba los personajes a ciertas características individuales de los actores. No sólo tienen más cosas que ocultar que los hombres, sino que, además, cuando no ocultan nada resultan aún más misteriosas…

–¿Como si fuera entonces cuando verdaderamente ocultan lo esencial?

–Claro –me dice–. Son mujeres con una cualidad líquida difícil de explicar; una cosa como evanescente, etérea, que se difumina… Por descontado que estas mujeres ocultan mucho más que lo que solían ocultar mis anteriores personajes femeninos…

–¿Sacrificas muchas partes de un guión en el rodaje?

–Sí. El guión es sólo un material de trabajo. Lo menos frustrante, y también lo más laborioso, sería trabajar como los pintores y los escultores.

–¿Con modelos reales?

–Exacto. Poder probar con actores a la vez que estás escribiendo las escenas. Uno llegaría a una definición dramática mucho más exacta…

–¿Has querido esta vez darle una dimensión política y moral a tu película que no estaba tan clara en otras ocasiones?

–No lo sé. Con el tiempo me he dado cuenta de que soy, en todas mis películas, mucho más moral de lo que creía y de lo que me gustaría ser. Siempre he tenido una conciencia social muy marcada, y la he defendido, y me he movido en ella. Pero, además de eso, creo que en esta película hay una voluntad, brutal y sutil de establecer que este país ha perdido una cosa esencial: el miedo. Lo que me parece un paso histórico gigantesco.

–Volvamos a *Carne trémula*. En las partes montadas de la película se observa una fluidez que parece sugerir el vértigo. ¿Has buscado voluntariamente ese efecto?

–No lo sé –responde–, pero sí puedo decir que el vértigo me ha encontrado y se ha aposentado en mí, ja, ja... Bueno, hablando en serio, creo que esta vez el vértigo está del lado femenino, y desde luego no lo busqué... Esta vez hay en las mujeres una asunción de la realidad que llega incluso a paralizarlas... Pienso en el personaje llamado Clara. Es una mujer tan atada a su destino y a la posesión absoluta de su hombre, que ha adquirido una enorme coraza contra el dolor y contra todas las inconveniencias de su matrimonio, que es un infierno...

–¿Hasta qué punto esa mujer es consciente de su situación?

–Es consciente hasta un punto límite, hasta el vértigo. Es consciente de su destino en la muerte, y va hacia ella con toda tranquilidad, o por lo menos con la tranquilidad con que un zombi o un sonámbulo se mueven por la noche. Lo que le da un aire más patético que vertiginoso, y yo no sé si lo patético vende...

–Suele decirse que el vértigo lo producen la altura, la distancia y, en definitiva, la sensación de diferencia. En *Carne trémula*, ¿existe también esa clase específica de vértigo?

–Desde luego, y por una razón muy simple: en *Carne trémula* se entrecruzan varias historias de amor, y en el amor no existe la igualdad, ni en los deseos ni en los sentimientos. En las pasiones, uno ama a un ciento por ciento, y otro a un cincuenta por ciento. Hay ya un cincuenta por ciento que se escamotea, y ese cincuenta por ciento oculto hace posible, paradójicamente, una relación amorosa fructífera y hasta satisfactoria.

–¿Quieres decir que en el amor todo son diferencias?

–Claro. Amamos de diferente modo, con diferente intensidad y con diferentes cantidades. Ésa es la naturaleza del amor, y no es ni bueno ni malo. Cada uno lo siente de un modo, y esa diferencia es el hilo trágico que une las tres pasiones de *Carne trémula*.

–Para terminar, ¿con qué personajes de la película simpatizas más?

–Con los masculinos –contesta–, incluso cuando matan, y la verdad es que me asombra. En todas mis películas anteriores he preferido a las mujeres, y eso sí que me parece un cambio.

Mientras hablamos, un ultraligero sobrevuela el campo. Ha estado acompañándonos toda la tarde con su vuelo de insecto zumbón, y Almodóvar se pregunta quién podrá ser el sujeto que lleva tantas horas volando. Después, desvía la mirada y dice:

–Otro amante del vértigo.

4

Algo más y acabo

En un artículo publicado recientemente en *Academia*, David Mamet se lamenta de que las películas hayan degenerado hasta regresar a su condición original de atracciones de feria: no ofrecen drama, sólo emociones. Claro que si las películas fuesen dramas, razona Mamet, el guionista estaría obligado a ser un dramaturgo de mayor o menor habilidad. También piensa Mamet que durante los últimos ochenta años el cine ha sido básicamente drama filmado, ya que ambos duran de ochenta a ciento veinte minutos y dicen explorar la condición humana. Pero cree el mismo autor que en los últimos tiempos se observa una divergencia, y que el cine de emociones está matando al cine dramático, lo que le hace pensar que a lo mejor ha sido del todo accidental que la evolución del cine estuviese vinculada durante un período más o menos largo al drama.

Como vemos, Mamet es bastante apocalíptico. Igual tiene razón, aunque lo dudo. Una parte fundamental del cine seguirá siendo tensión y contradicción, seguirá siendo drama, y a través del drama seguirá siendo revelación. Desde los inicios de su carrera, Almodóvar ha sido, fundamentalmente, un dramaturgo. Y eso es lo que va a encontrar, una vez más, el lector que se acerque a este guión parcialmente modificado por el autor para facilitar su lectura, y ésa es la razón, entre otras, de que pueda abordarse como una novela.

JESÚS FERRERO

CARNE TRÉMULA

Una imagen navideña del Madrid de final de los 60 (la Puerta de Alcalá, engalanada y con Belén incluido. El Corte Inglés, brillante de luces e ideas decorativas. La Puerta del Sol. La Plaza de la Cibeles, etc). Sobreimpresionado, el letrero: Madrid, Enero de 1970.

Desaparece este primer letrero y aparece una leyenda con tipografía de gran titular de periódico:

«SE DECLARA EL ESTADO DE EXCEPCIÓN EN TODO EL TERRITORIO NACIONAL»

A continuación, en letra más pequeña, pero también de titular:

«LA DEFENSA DE LA PAZ, EL PROGRESO DE ESPAÑA Y LOS DERECHOS DE LOS ESPAÑOLES OBLIGAN AL GOBIERNO A **SUSPENDER** LOS ARTÍCULOS DEL FUERO DE LOS ESPAÑOLES QUE AFECTAN A **LA LIBERTAD DE EXPRESIÓN, LIBERTAD DE RESIDENCIA, LIBERTAD DE REUNIÓN** Y ASOCIACIÓN, ASÍ COMO EL ARTÍCULO 18 SEGÚN EL CUAL NINGÚN ESPAÑOL PODRÁ **SER DETE-**

NIDO, SINO EN LOS CASOS Y EN LA FORMA QUE PRES-
CRIBEN LAS LEYES.»

Las palabras destacadas lucen y parpadean como neones, evocando los adornos luminosos propios de estas fechas.

SECUENCIA 0

Calle céntrica. Exterior. Noche

Varios trabajadores muertos de frío, encaramados en largas escaleras, instalan (o las quitan, como si el estado de excepción prohibiera también la navidad) de madrugada las bombillas de los adornos navideños.
Las bombillas se ajustan a una estructura metálica en forma de estrella con muchos picos.
Ambiente desapacible.
Hace frío. Sólo se oyen toses y quejas.
Ausencia total del tradicional regocijo madrileño.
Un prolongado grito de mujer rubrica el malestar nacional.

SECUENCIA 1

Calle de la Bolsa. Fachada de la Pensión Centro. Exterior. Noche

La Pensión Centro se halla situada en otro extremo de la misma calle del Madrid antiguo donde ocurre la secuencia anterior.
Una de las ventanas que dan al exterior sostiene un letrero rectangular, diseñado años antes. «Pensión Centro». Algunas de las ventanas vecinas exhiben carteles de «Mecanografía y Taquigrafía. Secretariado» o «Academia de Corte y Confección».
Se escucha otro grito agudo, afilado y gélido como una estalactita. Es un grito de mujer.
La radio emite el discurso de Fraga Iribarne argumentando los motivos de la declaración del estado de excepción. La dicción del Señor Ministro es pésima y atropellada, no se entiende muy bien lo que dice, pero por el tipo de música que acompaña, el texto no debe ser nada bueno.

OFF-FRAGA: Acciones minoritarias, pero sistemáticamente dirigidas a perturbar la paz de España y su orden público...

SECUENCIA 2

Pensión Centro. Habitación de la dueña de la pensión, Doña Centro. Interior. Noche

Continúa oyéndose la voz de Fraga por la radio:

OFF-FRAGA: ... han venido produciéndose en los últimos meses claramente en relación con una estrategia internacional que ha llegado a numerosos países... la defensa de la paz y el progreso de España y del ejercicio de los derechos de los españoles...

De 50 a 60 años, antigua puta, el cabello inundado de canas, Doña Centro coge los puntos a unas medias, mientras escucha con cara de circunstancias el discurso de Fraga por la radio. Mueve la cabeza como diciéndose: «¡Qué valor tiene este hombre!»
Un nuevo grito procedente de una de las habitaciones la distrae del discurso. Es el tercero que oye. Gira la cabeza en dirección a la puerta de su habitación, se echa una bata encima que aumenta su delgadez y, quejándose de los remos y de su sino, sale de la habitación mientras Fraga insiste en justificar las medidas del gobierno franquista.
Encima de una cómoda achipotada de recuerdos, sobre una cabeza de corcho descansa una peluca color rojizo, cardada y preparada para cualquier emergencia. El perfil de la cabeza de corcho está orientado hacia la radio.

Después de salir su dueña, sólo la peluca, impertérrita, parece escuchar con atención las palabras de Fraga. (Su discurso se mantiene todavía sobre el pasillo, en la secuencia siguiente.)

SECUENCIA 3

Pensión Centro. Pasillo. Interior. Noche

Doña Centro atraviesa un largo pasillo, con diversas puertas.
Empapelado, lámparas y muebles populares, años 60.
De una de las puertas sale una muchacha con el pelo rizado y cara de pan. Medio desnuda y sudada:

PUPILA: ¿Doña Centro, qué pasa?

DOÑA CENTRO *(tajante)*: Nada ¡…Tú vuelve al tajo!

La suya es una voz bronca, de lobo de mar. La pupila cierra la puerta.
Doña Centro desaparece por un recodo del pasillo hasta llegar a otra puerta. Se oyen gemidos.
Entra sin llamar.

SECUENCIA 4

*Pensión Centro. Habitación Isabel.
Interior. Noche*

Isabel se retuerce en la cama, entre sollozos.

ISABEL *(grita)*: ¡Ay…! ¡Centro!

DOÑA CENTRO: ¡No grites, que vas a despertar a tol vecindario!
ISABEL: ¡Ay, chacha! ¡Qué mala estoy…! Estoy toa revuelta…

Isabel tiene un claro acento extremeño. Morena guapa, de unos 25 años, el pelo se le enreda en la frente sudorosa.
La habitación es limpia, pequeña, empapelada, miserable y ordenada. Algún cuadro religioso, y poco más. Cosas apiladas encima y al lado de una gastada cómoda. Foto coloreada a mano de un matrimonio de los años cuarenta, dos mesitas de noche, una Virgen del Perpetuo Socorro. Humedades en la pared. Una bolsa de SPAR, popular cadena de alimentación de la época que regalaba sellos para rellenar cartillas que después se canjeaban por regalos o descuentos. La bolsa de plástico contiene ropita de bebé.

DOÑA CENTRO *(rezonga)*: No seas exagerada.

La ayuda a incorporarse. La chica tiene el cardado hecho una pena. La cara roja y sudorosa. Doña Centro le sube el camisón hasta las rodillas y husmea entre las piernas. Su expresión cambia.

ISABEL: ¿Qué?

DOÑA CENTRO: Nada, hija. Que no has exagerao. Más bien te has quedado corta… *(la coge por los hombros y la ayuda a incorporarse)* Vamos, hija. Que estás de parto… Isabelita, ¿cómo me has engañado, eh…? ¡Cuando llegaste a esta casa tú ya venías acompañada…!

SECUENCIA 5

*Escaleras Pensión Centro. Rellano
Interior. Noche*

Sobre la puerta que da al oscuro y sucio rellano hay un letrero que anuncia la «Pensión Centro» y en el centro de la puerta, un discreto adorno navideño.
Abre doña Centro coronada por la peluca rojiza que hemos visto en su habitación, minifalda, zapato con plataforma, abrigo de piel sintética y sempiterno cigarrillo en la comisura de los labios. Lleva agarrada a Isabel. La embarazada se ha puesto

un abrigo evasé de paño verde, corto y acampanado. Calza chanclas de paño, de estar por casa.
Las dos mujeres bajan la escalera como buenamente pueden. Se cruzan con una pareja. Doña Centro les saluda, y les recomienda discreción («no os preocupéis, ya me encargo yo»).
(Atención a peinados, maquillajes y vestuario. Todo estrictamente realista, popular y final de los 60.)
Entre espasmos de Isabel y frases de aliento de doña Centro, las dos mujeres llegan hasta la puerta de la calle.
Ambas portan bolso. No han tenido tiempo de coger mucho más.
Comparada con la imagen que antes nos mostraba a Centro «en la soledad de su habitación», la que ahora acompaña a Isabel parece una sobrina de sí misma, pero en travestí. Quiero decir que Centro con peluca rojiza y minifalda resulta brutalmente joven y medio travestona. Isabel se ha ordenado un poco el cardado, sin conseguir estar peinada del todo. Además del típico bolso lleva la bolsa de plástico de SPAR en la mano.

SECUENCIA 6

*Calle de la Bolsa. Fachada pensión.
Exterior. Noche*

La noche de enero se presenta oscura, fría y hostil. Un viento helado no consigue barrer el miedo de las calles.

DOÑA CENTRO: ¡Mira que ponerte de parto esta noche! ¡Esto se avisa, mujer!

ISABEL: ¡Y yo qué voy a saber!

DOÑA CENTRO *(siempre con un cigarrillo en la comisura de los labios)*: Pues si no lo sabes tú...

ISABEL: ¡Si no sé contá!

DOÑA CENTRO: ¡Ay, la incultura qué mala es!

SECUENCIA 7

Plaza de la Provincia. Exterior. Noche

A pocos metros de la Pensión Centro, la Calle de la Bolsa desemboca en la Plaza de la Provincia. Doña Centro tira de Isabel hasta llegar a la plaza.

La plaza irradia multitud de pequeñas e irregulares calles que se pierden en el centro de Madrid. De día es un hervidero, a esa hora no hay nadie.
Doña Centro deposita a Isabel, con cuidado, sobre la chapa de un coche. Pasan uno o dos vehículos, Miss Centro les hace una señal, les grita que paren, pero ninguno hace caso. Isabel llora y se queja.
Doña Centro les insulta. Saca un cigarrillo, lo enciende. Aspira el humo. Lo expulsa. ¡Todo a la vez! ¡Habráse visto!
A lo lejos aparece un autobús de la EMT. Sin renunciar al cigarrillo encendido, no están los tiempos como para derrochar, Doña Centro se coloca directamente en medio de la calle con los brazos abiertos, como un Santo Cristo (un Santo Cristo fumador. En una de las manos tiene el cigarrillo y en la otra el típico y profesional bolso).
El conductor del autobús se ve obligado a parar. Las ruedas chirrían, Isabel grita. El autobús se detiene a pocos centímetros de la mujer crucificada por la insolidaridad madrileña.
Isabel corre como un lazarillo hasta alcanzar a su amiga, con una mano se coge la panza y en la otra lleva la bolsa de SPAR.

SECUENCIA 8

Fuera y dentro del autobús. Noche

Dentro no hay pasajeros, el autobús va vacío. Un conductor escuchimizado, nervioso y con bigote, abre las puertas delanteras para que Doña Centro pueda oírle.

CONDUCTOR: ¿Pero está loca? ¡No ve que he podido matarla!

DOÑA CENTRO: ¡Estos tacones son los que me van a matar!

Doña Centro coge a Isabel del brazo y la ayuda a subir los tres escalones del autobús.

CONDUCTOR *(intenta detenerlas)*: ¡No pueden subir! ¡Voy a cerrar a cocheras! ¡...No estoy de servicio!

Pero ya es tarde, las dos mujeres están dentro.

DOÑA CENTRO: ¡Es que mi amiga se ha puesto de parto...! *(lo dice como si Isabel lo hubiera decidido en el último momento).*

CONDUCTOR: ¡Y yo qué quiere que haga! *(protesta)* ¡Oiga, les he dicho que no suban!

DOÑA CENTRO *(a Isabel)*: ¡Ponte cómoda, niña!

Doña Centro ignora al conductor y ayuda a acomodarse a Isabel en el primer asiento mirando hacia adelante; hasta el próximo asiento hay bastante espacio para maniobrar con las piernas. Ella se sienta en el asiento de atrás.
El conductor se levanta con ánimo de echarlas. Pero no se lo cree ni él, cualquiera se sentiría insignificante ante aquellos dos monumentos a la supervivencia.

CONDUCTOR: ¡No pueden hacerme esto! ¡Por favor, váyanse!

DOÑA CENTRO *(ruega, a su modo)*: ¡No le pido que adopte al niño, joder! ¡… Sólo que nos lleve a Maternidad!

El conductor se va haciendo cada vez más pequeño.

CONDUCTOR *(protesta)*: ¡Cómo tengo que decirle que voy a cerrar! ¡… Señora, el autobús no es mío!

Un oportuno (y sincero) grito de Isabel pone fin a la discusión. Vuelven las contracciones. Centro se olvida del conductor para ocuparse de su amiga. A partir de ese momento sólo Isabel cuenta.

DOÑA CENTRO: ¡Tranquila… respira… cierra las piernas!

Doña Centro le hace una demostración a Isabel de cómo debe inspirar y expulsar el aire. Isabel trata de imitarla.

El conductor continúa de pie, mirándolas boquiabierto y sin argumentos. Vuelve junto al volante, impotente.

CONDUCTOR *(se queja)*: ¡De los 30.000 conductores *(dice el n.º exacto)* que hay en Madrid, tenía que pasarme a mí…! ¡Si es que soy un desgraciao!

Doña Centro saca un frasquito de colonia y con un pañuelo le moja la frente a Isabel.
El conductor arranca el autobús, a regañadientes.

DOÑA CENTRO *(a Isabel)*: ¡Y tú no llores! Si no fuera porque a algunas insensatas se nos ocurre parir de vez en cuando, el mundo estaría vacío o lleno de viejos… ¿Ves cómo te refresca la colonia?

Isabel no ha parado de quejarse, con ojos suplicantes, como si fuera culpable de algo.

SECUENCIA 8A

Madrid. Año 70. Exterior. Noche

Plano general del autobús pasando por una calle que no tenga chirimbolos, farolas redondas ni mobiliario reconocible de los últimos 26 años.

SECUENCIA 9

*Calle Alcalá. Exterior. Noche.
Sin referencia de autobús*

El Ángel que culmina el edificio del Fénix se recorta contra el cielo negro de la Gran Vía. En off se escucha la voz cansina de Isabel, advirtiendo: «¡Se cae!» Le responde la voz de Doña Centro: «¡Aprieta las piernas…!» Pero no es eso.
«Es el ángel», continúa diciendo Isabel, medio ida. Una rápida panorámica hacia abajo nos muestra (sin cambiar de plano) a las dos mujeres, dentro del autobús.

ISABEL: ¡Parece que se va a tirar… como si se quisiera matar, el pobre!

Isabel tiene la cabeza pegada a la ventana y vuelta hacia la esquina del Fénix, mirando hacia arriba. En efecto, el ángel que anida en la cúpula del edificio da la impresión (¿o es aprensión de parturienta?) de que va a lanzarse contra el suelo de la calle.
El autobús espera frente al semáforo que hay junto al edificio del Bellas Artes a que cambie el disco rojo.
Cuando se pone verde arranca y nos barre el cuadro.

SECUENCIA 10

*Calle Alfonso XII.
Dentro del autobús en marcha. Noche*

Isabel acaba de decir que parecía que el ángel fuera a suicidarse, cuando oye el ruido de un líquido contra el suelo del autobús. Mira hacia abajo y se descubre las piernas y los pies chorreando. El suelo está encharcado de líquido amniótico. Isabel cree que se ha orinado sin darse cuenta, ¡y le da un apuro!

ISABEL: ¡Centro, que me meo toa!

Doña Centro mira al suelo, se levanta, se desprende del abrigo de piel sintética y lo deja sobre el asiento.

DOÑA CENTRO: No es eso, hija. Es que has roto aguas. *(al conductor)* ¡Para...! *(a Isabel, con un cariño inmenso, y quitándole gravedad a la cosa para que la chica no se asuste)* Tranquila, que estoy yo aquí... Tú haz lo que yo te diga...

CONDUCTOR *(acojonado)*: Voy a dar una vuelta donde no estorbemos.

Se desvía hacia una calle adyacente, menos transitada.
Doña Centro se arremanga y se coloca frente a

Isabel, ayudándola a adoptar la mejor postura para
dar a luz. Isabel extiende las piernas y apoya los
pies sobre los asientos más cercanos, un grupo de
tres que en vez de mirar al frente miran al lado.
Entre ambas piernas está situada Doña Centro.
Isabel empieza a aullar.

SECUENCIAS 11 Y 12

*Calle Méndez Núñez. Llegada, dentro
y fuera del autobús. Exterior. Noche*

(Este bloque lo vemos desde fuera del autobús.)
El conductor detiene el autobús frente a un muro
lleno de anuncios y grafittis, en una zona solitaria
y recogida del barrio Retiro-Mediodía. El pobre
hombre está totalmente desbordado, deja el volante y se une a las mujeres, sin reticencias. Doña
Centro dirige la operación, la naturaleza se encarga del resto.
A ambos lados del autobús la calle está vacía. No
pasa un solo coche. El autobús permanece anclado
junto a una de las aceras, sólo se escucha el viento,
los gemidos de Isabel y las indicaciones de Doña
Centro.
En la acera, las farolas fernandinas adornan sus
troncos con bombillas apagadas. Hay guirnaldas y
estrellas, uniendo los balcones de acera a acera.
Todo está apagado, de los adornos navideños sólo

se advierten la estructura metálica y los perfiles de las bombillas. El muro que hay detrás del autobús contiene abundante publicidad navideña (la Cadena Consulado anuncia sus galas para Nochevieja y Reyes). También hay pintadas antifascistas tachadas y pintadas franquistas sin tachar.
Un plano aéreo y picado, con el autobús al fondo, en el centro, rodeado de estrellas y guirnaldas se convierte de un modo natural en la ilustración de un belén viviente y real.
En off escuchamos los gemidos de Isabel y la voz de Doña Centro.

OFF-DOÑA CENTRO: *Respira… empuja… ¡puja! ¡puja! ¡puja!*

Isabel grita y puja sin contención. Se agarra a lo primero que pilla, el respaldo del asiento o la corbata del conductor.

DOÑA CENTRO: ¡Sigue… sigue… puja… puja… va muy bien…! ¡para! ¡para…! ya tenemos la cabeza… está saliendo muy bien… ¡basta! ¡basta…! eso es… ya está… Es un niño *(gemidos del bebé)*… y viene contento… Ah, lo primero es atar el cordón umbilical… *(al conductor)* ¿Tienes tú algo para atar?

El plano es muy general, a través de las ventanas llenas de vaho del autobús se intuye el milagro que está ocurriendo dentro.

CONDUCTOR: ¿Yo?

DOÑA CENTRO: Sí, los cordones de los zapatos. Dámelos, anda. *(el conductor se agacha y obedece. A Isabel)* Lo has hecho muy bien...

El conductor le entrega los cordones de los zapatos. Doña Centro procede a atarle el cordón umbilical al recién nacido.

ISABEL: ¿Tiene de tó?

DOÑA CENTRO: De todo. Te ha salido un niño completísimo... Ahora deberíamos cortar el cordón umbilical... *(al conductor)* ¿Tienes unas tijeras, o algo para cortar?

CONDUCTOR: ¿Yo...? No, no...

El pobre hombre (ante la magnitud de lo que está viendo y el derroche de iniciativa de la falsa pelirroja) se siente el ser más infeliz y menos previsor del mundo. Doña Centro protesta de buen humor.

DOÑA CENTRO: ¡Este hombre no tiene de nada! Bueno, lo cortaré con los dientes... *(a Isabel)* Tranquila, que esto no duele...

Dicho y hecho. La cabeza de Centro desaparece por la base inferior de la ventana. Desde fuera no puede verse lo que hace. Cuando levanta la cabeza su sonrisa es la de una vampira después de una gran bacanal. Doña Centro tiene los morros llenos de sangre. El niño mueve las manitas y berrea un poco. Es la primera vez que la cámara le ve claramente.

DOÑA CENTRO *(al conductor)*: Dame una toquilla...
 (le indica la bolsa de Spar)

Envuelve al recién nacido en una toquilla de lana, se lo entrega a la madre. ¡Y por fin respira! En ese momento, en Madrid, no hay dos mujeres más radiantes que Centro e Isabel.

ISABEL: ¡Ay, mi niño! ¡Qué guapo eres!

Centro y el conductor se derriten en babas y lágrimas.
El naturalismo brutal de esta secuencia estará paliado por la posición de la cámara y su distancia con respecto a la acción.
El autobús frena en una calle vacía, el plano es muy amplio y muy picado. Lentamente la grúa nos acerca suavemente al autobús, mientras escuchamos en off las voces de las dos mujeres y el conductor. El movimiento de la grúa termina con un plano medio del trío. Al bebé le ocultan las paredes del autobús. Los autobuses de los años sesenta tenían las ventanas muy altas, a la altura de los hombros de los viajeros, cuando vemos al crío ya le han puesto la toquilla. Todo lo que se oiga debe ser muy real para crear en el espectador la impresión de que está dentro del autobús.

CONDUCTOR: ¿Y ahora dónde vamos?

DOÑA CENTRO: Al hospital, ésta no está para que me la lleve a casa...

Se sienta detrás de Isabel, y pega su cabeza a la de ella. Con un brazo Isabel abraza a su hijo, y con el otro, echándolo hacia atrás, rodea la cabeza de Doña Centro, su salvadora.

DOÑA CENTRO: No te duermas... ten cuidado, no vaya a caérsete el niño, que estás muy floja...

El autobús arranca. En el centro del muro que antes tapaba el autobús brilla en rojo una pintada con la palabra «Libertad».

SECUENCIAS 13 Y 13A

Calle. Dentro y fuera del autobús, en movimiento. Noche. Exterior

El conductor llora (de emoción) a lágrima viva. Mientras se limpia las manos directamente sobre el vestido y busca, encuentra y enciende un cigarrillo, Doña Centro chapotea en el suelo que ha quedado hecho una pena. Va hacia el conductor. Le ofrece un cigarrillo. El conductor lo rechaza y se lo agradece. Doña Centro parece salida de una mala película de terror de los años 60. Tiene manchas de sangre hasta en los sobacos.

DOÑA CENTRO *(al conductor)*: No te preocupes por el suelo... que yo te lo limpio... *(vuelve la cabeza hacia Isabel, no deja un momento de vigilarla)* ¡Y tú, no te duermas!

CONDUCTOR: Yo me llamo Tony. ¿Y ustedes?

DOÑA CENTRO: Ella Isabel. ¡No te duermas, niña! Yo soy Doña Centro. También me llaman la Centrá, Miss Centro, y alguna, de cachondeo, me llama Miss Centro de Mesa, porque de niña quedé finalista en el concurso de Miss Centro... Yo era una cría muy mona y muy pobre, así que lo más fácil fue dedicarme a la «pasarela» y después a la «hostelería»... Ahora que has sido padre, deberías visitarnos algún día...

CONDUCTOR *(sonríe)*: Cuente con ello...

A Isabel se le escapa un gemido.

ISABEL: ¡Centro! ¡Me vuelve el dolor!

Doña Centro tira el cigarrillo y vuelve enseguida junto a su amiga. Lo disimula pero no le gusta la cara de Isabel, está desencajada y muy débil.

DOÑA CENTRO: ¡Uh! ¡la placenta...! *(le quita al niño)* Dame al niño... *(a Isabel)* Empuja. ¡Tienes que echarlo todo...! Venga, que es el final... Eso es...

El último esfuerzo se lleva las pocas fuerzas que le quedaban a Isabel.
Doña Centro se acerca al conductor, con el niño en brazos. Le habla en voz baja, para que Isabel no la oiga.

DOÑA CENTRO: Esta mujer se desangra... Dame la camisa.

SECUENCIA 13B

Calle. Exterior

El conductor frena. Empieza a quitarse la camisa. Lo hace lo más rápido que puede.

CONDUCTOR *(no lo entiende)*: ¿La camisa?

DOÑA CENTRO: Sí. ¡Para ponerle un tapón en el coño! ¡... Hay que cortar la hemorragia como sea!

Centro le coge la camisa. En camiseta y chaqueta, el conductor arranca de nuevo el autobús.

VUELTA A LA SECUENCIA 13

Centro vuelve junto a Isabel. Le entrega el niño. Hace un gurruño con la camisa y se la coloca entre las piernas.

DOÑA CENTRO: No te duermas. Cuidado con el niño. Cógelo bien.

El conductor las mira por el retrovisor, también él está preocupado.
Centro se sienta en el triple asiento que mira hacia un lado, justo a los pies de Isabel. (Está situada exactamente entre Isabel y el conductor.) Más tierna que nunca, habla con la enferma para distraerla y que no se duerma hasta llegar al hospital.

DOÑA CENTRO *(a Isabel)*: ¿Cómo le vas a llamar?

ISABEL: Había pensado llamarle Inocente, como mi padre…

DOÑA CENTRO: Con todo el respeto hacia tu padre… ¿no crees que en el mundo en que vivimos, «inocente» se puede prestar a cierto cachondeo?

ISABEL: Pues… *(piensa)* podría llamarle Víctor, como…

Pero Isabel no acaba la frase… piensa en un hombre que se llama Víctor, el padre que aquel niño probablemente no llegue a conocer. A Centro le gusta, y la interrumpe.

DOÑA CENTRO: ¡Víctor! Me gusta…

Doña Centro se levanta de nuevo. Recoge al niño de brazos de la madre.

DOÑA CENTRO: ¡Déjamelo, descansa! *(al niño)* ¿No podías esperar, eh? ¡jodío…! ¡Bueno, pues ya estás aquí, en Madrid! ¿Estarás contento, no…?

El crío responde con un berrido.
Doña Centro le acerca la carita a los cristales empañados, por el frío, de la ventana.

DOÑA CENTRO: ¡Mira, Víctor! ¡Madrid!

SECUENCIA 14

Imágenes de Madrid para los títulos

Emerge mayestática la Puerta de Alcalá, como punto de vista del niño, acompañada de un tema

musical que debería poner los pelos de punta al espectador.
Empiezan a aparecer los títulos de crédito sobre imágenes de Madrid viradas a otro color.
Estas imágenes, no importa que procedan de periódicos, postales, libros..., representan la historia de Madrid a lo largo de los veinte años siguientes, la historia política, deportiva, social, de la ciudad, y por lo tanto un reflejo del cambio operado en el país... (humilde homenaje del autor a su ciudad adoptiva).
Además de los títulos también se sobreimpresionan las reacciones inmediatas al nacimiento de Víctor Plaza, acompañadas por una locución típica de la época.

REACCIONES ENCADENADAS:

A. Habitación Hospital. Interior. Día

El Alcalde de Madrid, en el hospital, le hace entrega al niño de su primera canastilla, y le nombra hijo adoptivo de la ciudad. Es muy probable que el Alcalde adorne su labio superior con un bigotito fascista, al igual que las vivarachas monjitas que le rodean, sonrientes. Isabel se muestra tímida, cortada y muy cardada.

B. *La Prensa escrita se hace eco de la noticia.*
(Portadas de periódicos, en plan molinillo.)

C. *Un salón del Ayuntamiento.*
O el despacho del concejal
de Transportes. 1970.

Además de la bandera de España hay cuadros con distintos modelos de transportes de la década y el mobiliario específico del lugar y la época.
El Director General de la EMT, acompañado del concejal de Transportes, y de sus respectivas señoras (con aspecto de dependientas de lujo de unos grandes almacenes), entregan sendos carnets vitalicios a Isabel, que sostiene al pequeño Víctor.
También se halla presente el conductor del autobús, vestido con traje y corbata y tan cortado como Isabel.
Isabel muestra a la cámara de un fotógrafo los dos carnets que le permitirán viajar gratis en autobús de por vida.
Las cámaras del NODO estuvieron en el hospital y en el despacho de la EMT para dar fe de la noticia, en blanco y negro. Matías Prats presta su voz al evento (la voz del Sr. Prats sirve de fondo a las imágenes documentales en blanco y negro):

OFF-PRATS: En pleno corazón de Madrid, desafiando las crudas condiciones atmosféricas, una joven ha dado a luz dentro de un autobús de la Empresa Municipal de Transportes. La noticia de tan espontáneo alumbramiento ha sido acogida con gran simpatía. El Alcalde de Madrid visitó al recién nacido y le regaló su primera canastilla además de nombrarle hijo adoptivo de la ciudad. El Director General de la Empresa Municipal de Transportes no ha querido ser menos y, acompañado del concejal del ramo y sus respectivas señoras, le ha regalado a la madre y al hijo sendos carnets vitalicios que les permitirán utilizar gratuitamente el servicio de autobuses siempre que lo deseen. Con tan envidiables perspectivas le aseguramos al impaciente jovencito «UNA VIDA SOBRE RUEDAS».

Las últimas palabras coinciden con un plano de asfalto callejero.
Sobre el negro asfalto aparece un letrero en rojo: 20 AÑOS DESPUÉS.

SECUENCIA 15

*Madrid. Calle céntrica. Exterior. Noche.
Veinte años después*

Cuando desaparece el letrero del asfalto entra en plano la rueda de una vespino miserable. Un movimiento panorámico nos muestra los ojos de su conductor, detrás del casco. Es Víctor, veinte años

después. Al fondo, surge la Puerta de Alcalá, idéntica a sí misma.
Montado en la vespino, Víctor recorre la misma zona donde nació.
Su vida, en efecto, va sobre ruedas. En el portaequipajes, lleva un cajón con varias pizzas. En la superficie superior, el logo de Telepizza, o de cualquier otra marca, Telepronto, Telepiú o Pizzicatta, por ejemplo.
Víctor viste un sucio uniforme, una especie de anorak color rojo chillón.
En China el rojo representa el color de los condenados a muerte, en Madrid es el color de los repartidores de pizzas. Pero todavía existe algo peor, el Color Naranja. El Naranja (además del color de la histeria) es el de los condenados a servir hamburguesas. Y eso es peor que la muerte.

SECUENCIA 16

Interior del coche. Exterior. Noche

Desde que irrumpe el año 90, es decir, nada más terminar la locución de Matías Prats, coincidiendo con el negro asfalto urbano, empiezan a oírse los primeros compases de «Mi perro», canción española interpretada por la voz amazónica de la Niña de Antequera.

En el coto Doñana han matao,
mataron mi perro.
A una cierva, entre la verde jara,
él iba siguiendo.
Por los contornos de Andalucía
no había otro perro como mi perro...

Un coche se detiene delante de un semáforo. Lo ocupan dos policías vestidos de paisano. Uno mayor, como de 40 años y otro más joven, de unos 25. Sancho, el mayor no sólo le dobla al otro en edad sino también en crispación. Aludiendo a la canción del perro andaluz, y mirando al personal que se mueve por la acera, comenta con pésimo estilo y esa resentida trascendencia que a veces inspira el alcohol:

SANCHO: ¡Perros! Así nos tratan y eso es lo que somos. ¡Perros...! ¡Échale un vistazo a la manada de corderos que tenemos que cuidar...!

El policía joven se llama David. Viste como un ejecutivo. El otro va un poco más macarra, entre macarra y campero. Sancho es inspector y David subinspector. A ambos les gusta la caza, y ambos miran a través de la ventanilla del coche la fauna que pulula por la acera.

SECUENCIA 17

*Calle céntrica y oscura. Punto de vista
correspondiente al interior del coche.
Exterior. Noche*

Durante la larga panorámica que describe la vida de la acera, se escucha la continuación de la canción:

> *Era la llave de mi cortijo*
> *y del ganado mi centinela.*
> *No había lobo que se acercara*
> *a los corderos en la ribera.*
> *Era valiente entre los valientes*
> *y no lo había con más nobleza.*
> *Había que verlo cuando jugaba*
> *con mis chiquillos en la alameda.*
> *No había otro perro como mi perro.*

La acera es un hervidero de gente variada que se mueve deprisa y al loro. Los que se detienen es para trapichear o para ligar. Etnias y tribus diversas. Bocadilleras africanas y homeless locales. Incluso algún ejecutivo de doble vida. Sospecha, urgencia y frenesí. Una mezcla de Calle Cuarenta y Dos (antes de que la desinfectaran) y Gran Vía madrileña de siempre. Crisol de culturas y de los más básicos anhelos. Urbe que hierve.
Víctor, el joven que conducía la vespino, el mismo que veinte años antes nació en un autobús de la EMT, se abre paso entre el personal.

Aparca su moto junto a la puerta de una pizzería de fachada chillona para la que trabaja. Entra en el establecimiento.

SECUENCIA 18

Trastero pizzería cutre. Interior. Noche

Víctor entra en una especie de pequeño almacén, lleno de cajas de bebidas, sillas de plástico apiladas, cajas de cartón etc. El antro respira suciedad, como la propia cara del chico cuando se quita el casco de la moto.
Abre la puerta metálica de una estrecha taquilla y saca su ropa. La taquilla de al lado está abierta, por un descuido del inquilino. Víctor introduce cuidadosamente la mano, hurga y saca unos billetes del interior de una prenda de alguno de sus compañeros. Controla que no entre nadie y se queda con un billete de cinco mil, el resto lo devuelve al interior de la taquilla. Pero enseguida cambia de opinión y coge otro billete de cinco mil. «Un día es un día», comenta para sí.

SECUENCIA 19

Calle céntrica. Interior. Coche

Aunque posea mayor graduación (inspector), conduce Sancho (o tal vez por eso, por la «graduación» y no me refiero a la jerarquía sino al mayor grado de alcohol). David va a su lado, en el lugar del copiloto. Trata de escuchar (con tal de no hablar con Sancho) el concierto de pitidos extraterrestres que provocan las emisoras de sus compañeros y los mensajes en clave.
Después de beber a morro de una botellita de whisky, Sancho continúa su discurso, amargo, categórico, despectivo y apocalíptico (mirando a la gente que camina por la acera).

SANCHO: Ahí los tienes, robando, trapicheando, traicionando y corrompiéndose los unos a los otros... Somos los centinelas de un rebaño enfermo. Toma, bebe para celebrarlo.

Da un trago de una botellita tamaño petaca y se la ofrece a David. El policía joven la rechaza con un gesto y un comentario irónico.

DAVID: No, gracias. Ya bebes tú por los dos.

SECUENCIA 20

Calles de Madrid. Exterior. Noche

El coche cruza la pantalla.
Enfila por una calle, desviándose de su ruta. David detecta el cambio, pero no dice nada. Conoce el camino…
Sancho marca un número de teléfono y espera. Utiliza para ello un modelo móvil de la época, supertocho.

SECUENCIA 21

Terraza casa de Sancho. Interior. Noche.
E interior del coche

El ventanal acristalado, lleno de plantas, parece un altar portátil, ese tipo de cajas mejicanas que alojan dentro una virgen en miniatura, adornada de la bisutería más barroca. La virgen de este acristalado ventanal es Clara, una mujer muy hermosa y muy preocupada que está regando las plantas que la adornan.
Suena el teléfono cuyo supletorio reposa en una mesita del salón, cercano al balcón. Del interior no vemos casi nada, excepto el teléfono y el rostro de la mujer.
Clara tiene unos 36 años y es la esposa de Sancho.

Cuando responde al teléfono la vemos sólo de perfil. Muestra un humor sombrío.

CLARA: ¿Sí?

SANCHO: Hola… soy yo.

CLARA *(seria)*: Ah… Dime…

SANCHO *(habla entre dientes, para que no le oiga su compañero)*: ¿Qué haces?

CLARA *(de morros)*: Estoy regando…

SANCHO: ¿Estás enfadada?

CLARA *(seca)*: No…, estoy machacá…

Y no es un eufemismo. La cámara se mueve y descubre el otro perfil de Clara; en el pómulo, junto al ojo, luce un buen moratón.

SANCHO: Perdóname… Siento haberme ido de casa como me he ido.

Clara responde en silencio… Sancho se inquieta, sufre. Mira a David, pero el subinspector se excluye de la conversación contemplando el paisaje por la ventana y el paisaje incluye a Clara, a través del cristal del ventanal que da al interior del salón, hablando por teléfono con Sancho.
Sancho se ha desviado un poco de la ruta, para pasar por la calle donde vive. Aunque ella no le

vea, Clara presiente al marido cerca. Como esas personas que adivinan las tormentas por el dolor de sus articulaciones.

SANCHO *(insiste, tierno)*: ¿Me perdonas?

CLARA: Déjalo, Sancho... No me gusta hablar de esto por teléfono.

Sancho murmura de ese modo dolido y furtivo propio de los enamorados.

SANCHO: Bueno..., pues hablamos después. Llegaré lo antes que pueda, ¿eh? Hasta luego, mi amor.

El coche de los policías pasa por una calle menos transitada.
Sancho lanza el mismo tipo de mirada furibunda a los peatones que caminan por la acera, aunque éstos no tengan aspecto sospechoso.
De sopetón:

SANCHO: Clara me engaña.

DAVID *(sorprendido)*: ¿Qué quieres decir?

SANCHO: Que mi mujer se acuesta con otro. *(angustiado)* No sé qué hacer...

De momento, se atiza otro trago.
David se le queda mirando; no esperaba semejante confesión, y no le gusta en absoluto.

DAVID: Prueba a beber menos.

SANCHO: La gente que no bebe, como tú, creéis que con no beber está todo solucionado.

DAVID: No creo que el alcohol te ayude.

SANCHO *(definitivo)*: Si no bebo la mato.

DAVID *(protesta)*: ¡Sancho, no digas tonterías!

SANCHO *(bronco)*: Es la única manera de que una mujer no te la pegue. *(reflexivo)* Claro, que también podría matarle a él. Pero no sé quién es…

Sancho bebe otro trago. Mira envenenado la acera, escudriñando los rostros de los transeúntes que caminan en dirección a la calle que acaban de abandonar, la calle donde vive Sancho con Clara. En el colmo de la paranoia:

SANCHO: ¿Será alguno de éstos? ¡Y pensar que cualquiera de estos gilipollas podría ir a tirarse a mi mujer, mientras yo estoy currando…! ¡Me pongo malo sólo de pensarlo…!

DAVID *(harto)*: ¡Pues no lo pienses!

SECUENCIA 22

Salón casa de Elena. Interior. Noche

Primer plano de la llama de un mechero calentando un papel de plata. Una lágrima negra se desliza como un reptil por la superficie brillante. Elena succiona por un rulo de papel los restos del último chino.
Veintipocos años, pelo revuelto de varios colores (predomina el rubio, con raíces negras), aire juvenil y disipado. La típica chupa de cuero, muy vivida, como el rostro de su portadora, pálida, pómulos hundidos y muy delgada. Delgada pero con pecho, todo hay que decirlo. Y pecho original, no comprado. Elena es una mujer muy atractiva en su incipiente deterioro, pero desprende ese aura poco fiable de los yonkis, esa dureza egoísta. Y esa urgencia unidireccional y excluyente.

SECUENCIA 23

Calle Eduardo Dato. Exterior. Noche

Elena vive justo en el inicio del puente de Eduardo Dato. Un edificio regio, aunque descuidado, de tres o cuatro plantas enormes que hace esquina con la Castellana.

En la acera de enfrente hay una parada de autobuses de la Línea Circular, y junto a la señal una cabina de burbuja de plástico azul añil. Dentro está Víctor.
Se ha cambiado de ropa, viste de un modo sencillo pero limpio.
Recién afeitado parece un crío.
Debajo del brazo sostiene una caja chata y cuadrada, del tamaño del tablero de un parchís, que contiene una pizza todavía caliente. Y en la mano tiene un posavasos cuadrado, con el nombre de Elena, su dirección y un número de teléfono escritos. El papel conserva la huella de unos labios pintados de carmín. La pintura está seca. Para la escritura del número telefónico se utilizó un lápiz de ojos.
Víctor besa los labios de carmín rojo impresos en el posavasos, exclama «¡guapa!» y marca el número escrito con lápiz de ojos. Su actitud no puede ser más optimista. Lo espera todo de esa noche. Para él no existe la posibilidad de que Elena pudiera estar hablando con alguien. Cuando oye el inequívoco pí-pí, indicando que la línea está ocupada, se mosquea. Mira al edificio de enfrente y trata de adivinar a simple vista el piso donde vive Elena. No es un edificio alto, algunas de sus ventanas permiten ver luz en su interior.

VUELTA A LA SECUENCIA 22

Salón de Elena. Interior. Noche

Elena habla por teléfono mientras juguetea con el papel brillante, manchado de negro, del último chino. También mordisquea una chocolatina y fuma un cigarrillo. Todo a la vez. Un leve murmullo indica que la televisión está puesta.

ELENA *(harta)*: No, no. Mi padre no está; si no no te citaría aquí…

Hija única (el padre es el cónsul italiano en Madrid, viudo, absorto en su profesión y descuidado con su escasa familia, progre en los 60 y liberal en los 90. Barba y todavía atractivo a pesar de sus 55 años). Elena vivió la mayor parte de su infancia en Italia, de ahí su acento. Su madre murió, cuando era una niña. La profesión del padre le ha permitido recorrer mundo, y de cada lugar escoger lo más arriesgado. Y en el Madrid del 90 uno de los mayores peligros se llama «caballo».
Por las mesas hay fotos del padre y la madre, en algún lugar de Italia.

ELENA *(al teléfono)*: … ¿…aprender a esperar…? ¡A mí qué coño me importa lo que diga Lou Reed…! *(ordena)* Si tardas más de quince minutos llamo a La Corsaria… ¡Pasará mierda, pero al menos la pasa… ¡Oye, tráeme también algunas chocolatinas…, lo digo por no bajar…!

La decoración de la casa corresponde al gusto de la burguesía liberal, clase a la que el padre pertenece. En el salón hay objetos con los que Elena tiene relación, mezclados con muebles buenos que corresponden con el gusto dominante (el del padre) en el resto de la casa.
En un rincón está el televisor. Como no puede quedarse quieta, Elena zapea continuamente. En el 90 había sólo dos cadenas, o sea que el zapping no da para mucho, pero es una buena forma de machacarte los nervios. (Elegir dos programas representativos del 90.)
Nada más colgar vuelve a sonar el teléfono. Lo coge al vuelo.
Las imágenes de Víctor dentro de la cabina y Elena en el salón, se alternan en el montaje.

VÍCTOR: ¿Elena?

ELENA: Síí… *(no reconoce la voz)* ¿Quién es?

VÍCTOR: Soy Víctor.

ELENA *(antipática)*: ¿Qué Víctor?

VÍCTOR *(muy sorprendido)*: Víctor…, el chico del sábado pasado…

ELENA *(molesta)*: ¿Qué chico?

Una de las características de Víctor es que se rebota muy pronto.
Cuando esto sucede se aturrulla y se bloquea.

VÍCTOR *(rebotado)*: Con el que echaste un polvo, en el lavabo del Voltereta. ¿No te acuerdas?

El recuerdo del pasote de aquella noche hace sonreír a Elena por primera vez.

ELENA: Estaba muy pasada…

VÍCTOR: Me diste tu teléfono… ¡Quedamos en vernos hoy!

ELENA: ¡Ah! eres tú… *(más amable)* Oye *(tose)* estaba a punto de irme… *(quiere quitárselo de encima)*

VÍCTOR: ¿Dónde?

ELENA: He quedado… Llámame otro día, ¿vale?

VÍCTOR *(ofendido)*: ¡Cómo has podido quedar con otro, si hace una semana quedaste conmigo!

ELENA *(tajante)*: ¡Ya te he dicho que me olvidé!

VÍCTOR *(patético)*: Pero… Te he traído una pizza… Me dijiste que te gustaban… Todavía está caliente…

Elena piensa (o murmura para sí): «Este tío es tonto.» Pasa de disimular.

ELENA *(borde)*: ¡Pues cómetela tú...! Oye, lo he pensado mejor, ¿eh? ¡No me llames más!

Y cuelga. Víctor permanece atónito, con el teléfono en la mano, humillado, sorprendido y hundido. La pizza se le cae al suelo, pero él no se molesta en recogerla. Al contrario, le sacude una patada.

Elena mira el televisor. Aparecen los títulos de crédito de una película.

SECUENCIA 24

Pantalla de televisor

En blanco y negro: «Ensayo de un crimen», de Luis Buñuel.
Acompaña los títulos un tema musical a base de órgano, entre Hammond y religioso. El mismo tema sirve de fondo para la imagen de Víctor, en la calle, con el teléfono mudo en la mano. Incluso el título de la película de Buñuel funciona perfectamente como título del bloque de secuencias que vienen a continuación. «Ensayo de un crimen.»

SECUENCIA 25

Eduardo Dato. Autobús. Exterior e interior

A. Víctor continúa de pie, junto a la cabina telefónica, desorientado

Al lado hay una parada de autobús de la Línea Circular.
Justo en ese momento llega un autobús y se detiene. El conductor da por supuesto que Víctor está esperando y abre la puerta automática. La llegada del autobús le despierta de su ensimismamiento. Víctor comprende que aquella puerta (la del autobús) es la única puerta abierta con la que puede contar esa noche.

B. Interior autobús

Y entra en el autobús, como un autómata, sin pensarlo. Le muestra al cobrador-conductor su carnet vitalicio y se sienta junto a una ventana. Van cuatro o cinco pasajeros más.
Víctor contempla la ciudad. Dentro del autobús se siente como en su casa.

SECUENCIA 26

Gráfico de la Línea Circular

El rojo del autobús barre e inunda la pantalla. Ese mismo rojo se convierte en una línea roja que sobre el gráfico de un mapa de Madrid recorre las diferentes paradas de la Línea Circular.
(Es una alusión a las viejas películas de viajes aventureros, y a sus posteriores imitaciones.)
El gráfico, con la Línea Circular roja en movimiento, se encadena con un primer plano de Víctor, perteneciente a la secuencia siguiente. Con esto bastará para dar la sensación de que Víctor da vueltas, en la Línea Circular, a la deriva.

SECUENCIA 27

Una parada en el trayecto. Exterior. Noche

El autobús llega a la parada que hay antes de Eduardo Dato. Es una de esas paradas en que los operarios se relevan y se distienden. Aprovechan para fumar un cigarrillo y estirar un poco las piernas. Las pocas personas que viajan en ese momento abandonan el autobús (son pasajeros distintos a los que había cuando Víctor subió). Víctor no se mueve. El conductor saca un cigarrillo; antes de encenderlo y bajar a la acera mira inquisitivo al muchacho.

CONDUCTOR: La próxima parada es Eduardo Dato… *(Víctor le mira como diciendo ¡y a mí qué!)* …, cuando lleguemos ahí habremos dado una vuelta entera a Madrid…

VÍCTOR: Ya lo sé.

CONDUCTOR: ¿Qué pasa, no piensas bajar?

VÍCTOR: No, yo continúo.

Al conductor no le gusta el tono de Víctor, demasiado arrogante.

CONDUCTOR: ¿A dónde vas?

VÍCTOR: A ningún sitio…

CONDUCTOR: ¡Cómo que a ningún sitio… esto no es un hotel… a algún sitio irás!

VÍCTOR: Pues no…

El conductor le mira intrigado. Duda si debe seguir discutiendo u olvidarse de Víctor. Pero esa noche no tiene ganas de jaleo. En cualquier caso le molesta la actitud desafiante del chico.

SECUENCIA 28

*Bajo el puente de Eduardo Dato.
Exterior. Noche*

Está muy oscuro. No se ve casi nada. Es un punto de vista de Víctor, dentro del autobús. El autobús sale del puente de Eduardo Dato, lo cual equivale a venir de negro.
Lo primero en vislumbrarse son los barrotes del puente pasando velozmente frente a cámara, en dirección opuesta a la del autobús.

SECUENCIA 29

*Eduardo Dato. Frente a la fachada
de Elena. Exterior. Noche*

Por encima del puente aparece el edificio donde vive Elena, enfatizado por la noche y la posición de la cámara. Hay pocas ventanas encendidas. A una de ellas se asoma Elena, mirando hacia abajo, como si buscara a alguien.
Víctor la descubre desde el interior del autobús y le da un síncope. Se queda de piedra.
El espectador no está seguro si la imagen de Elena es real o imaginada por el deseo de Víctor.
Como impulsado por un resorte, Víctor se levan-

ta de un salto y aprieta el botón que hay junto al techo del autobús.

SECUENCIA 30

Eduardo Dato. Exterior. Noche

Baja del autobús junto a la cabina telefónica. La pizza despanzurrada continúa tirada por el suelo. Está tentado de volver a llamar a Elena. Mira hacia la ventana donde momentos antes creyó verla, pero no hay nadie.
Poco después la chica vuelve a aparecer. Y repite lo que hizo antes: mirar a uno y otro lado de la calle. Víctor se oculta detrás de la cabina para que no le vea. Después de echar una nueva ojeada, Elena vuelve al interior.

SECUENCIA 31

Salón Elena. Interior. Noche

Se sienta en un sofá y coge el teléfono. Marca el número del dealer. Está mucho más ansiosa que al principio.

VUELTA A LA SECUENCIA 30

Eduardo Dato. Interior. Noche

Víctor entiende que Elena no estaba a punto de salir, como le dijo por teléfono. Comprende que le mintió y su orgullo infantil se rebela de un modo exagerado. Simplemente, no lo acepta.

VÍCTOR *(masculla, para sí)*: ¡Hija puta... mentirosa!

Furioso cruza la calle y se detiene en la puerta del noble edificio, frente al portero automático.
A simple vista diría que la ventana por donde apareció corresponde al segundo piso, pero el portero automático tiene dos botones donde pone segundo piso.

CONTINUACIÓN SECUENCIA 31

Casa Elena. Interior. Noche

ELENA *(al teléfono)*: ... ¿Cuánto tiempo hace que ha salido? ¡... Dime la verdad porque si no paso y me tiro a la calle...! Y ya... *(oye el timbre)* entonces debe ser éste...

VUELTA A LA SECUENCIA 30

Puerta Eduardo Dato. Exterior. Noche

Víctor pulsa un botón del portero automático. Un instante después oye la voz de Elena por el interfono.

ELENA: ¡Ya era hora! ¡Sube, joder!

Víctor empuja la puerta, pero permanece un momento con ella entornada, quieto, reflexionando sobre lo que va a hacer. Sabe que Elena no le ha abierto a él. Pero también es cierto que está dolido y le gustaría que le diera una explicación. Finalmente decide echarle morro y entrar. Al fin y al cabo ya había dado la noche por perdida.

SECUENCIA 32

Casa de Elena. Interior. Noche. Vestíbulo

(Techos muy altos, puertas descomunales, de madera con molduras. El vestíbulo-distribuidor en forma de poliedro irregular tiene en el centro una alfombra de lana, redonda, con círculos de distintos colores, como una diana. Los pocos muebles revelan un gusto excelente, cuero y maderas exqui-

sitas sobre fondos de colores mediterráneos. Del techo, justo encima de la alfombra cuelgan dos lámparas en forma de globo irregular.)
Después de apretar el botón del telefonillo, Elena abre la puerta que da al rellano y a la escalera. Pero está demasiado ansiosa como para quedarse esperando junto a la puerta, así que la deja entreabierta (de ese modo el visitante podrá entrar), y va rápidamente a su habitación.
Víctor no tarda en llegar, empuja la puerta abierta, con cierto sigilo, y contempla admirado el distribuidor. Le distrae la voz de Elena, procedente del interior.

OFF-ELENA: Espérame en el salón, pero no toques nada.

Víctor se encoge de hombros, sobra la advertencia, él no pensaba toquetear nada. De pie, en el centro de la alfombra-diana, recorre las paredes con la mirada. Se siente más intimidado por la decoración del lugar que por el hecho de colarse donde no le llaman.
Mira hacia un espacio iluminado, que da a la calle, intuye que aquello debe ser el salón y allí dirige sus pasos.
Elena aparece en el salón, por otra puerta, la que comunica con su habitación. Lleva unos cuantos billetes en la mano. Reconoce a Víctor de inmediato. Instintivamente guarda los billetes en un bolsillo del pantalón. No le esperaba a él, y le dedica una de esas miradas que duelen más que un puñetazo en la boca del estómago.

ELENA: Pero ¿qué coño haces aquí?

VÍCTOR: Me has abierto tú.

ELENA: ¿Yo…?, ¡creía que eras otra persona!

Consciente de su provocación, Víctor mantiene el tipo. Es de esas personas a las que la conciencia de haberse equivocado les impulsa a cometer nuevos e inmediatos errores, incapaz de dar marcha atrás.

VÍCTOR *(insiste y exige)*: ¡Pues soy yo! ¡Y te recuerdo que quedaste conmigo hace una semana!

ELENA: ¡Oye, pero tú quién te has creído…!

Víctor descubre los restos del papel Albal quemado, sobre una mesita. Lo coge, o simplemente comenta.

VÍCTOR: Ya… Estabas esperando a un camello, ¿no?

ELENA: ¡Y a tí qué coño te importa, imbécil! ¡Largo de aquí!

Elena no se contiene y le golpea con la mano abierta, en el pecho. Víctor se revuelve contra ella, pero no la toca y le advierte muy serio y muy duro:

VÍCTOR: ¡Cuidado! ¡Que yo todavía no te he faltado al respeto! Me iré cuando me hayas dado una explicación…

Elena le mira incrédula. No le entiende. De dónde saldrá este tío, lo de «faltar al respeto» debía ser una expresión del siglo pasado.

ELENA: ¿Una explicación?

Con expresión de «ahora verás» Elena desaparece por la puerta de su habitación.
Víctor se queda solo en el salón, mirando hacia la puerta de la habitación. Espera a que la chica haya desaparecido para decir en tono conciliador:

VÍCTOR: Joder, no te pongas así... yo sólo quería hablar un poco...

En una mesita auxiliar descubre una foto de Elena, vestida de Primera Comunión. Se acerca a la mesita y le explica, humilde, a la foto:

VÍCTOR: Te conozco hace una semana. Echamos un polvo de puta madre... para mí era la primera vez, ¿tú sabes lo que es eso...? También es la primera vez que robo en la pizzería, lo he hecho para poder estar contigo...

Víctor se ablanda con sus propias confidencias.
En el televisor continúa la película de Buñuel.
De pronto aparece Elena, apuntándole con una pistola, lo último que podía esperar. Víctor la mira con expresión triste y salvaje. No dice nada.

ELENA *(seria y en tono bajo)*: Vete.

Su estupor le impide tener miedo. Víctor mira a Elena con ojos sinceros y heridos. No entiende lo que está pasando y Elena empieza a perder la calma.

ELENA *(advierte)*: ¿No ves que te estoy apuntando con una pistola?

Pero Víctor está demasiado triste para responder. Lo cual no hace sino aumentar la cólera de Elena. Le quita el seguro al arma.

ELENA *(grita, histérica)*: ¡Lárgate de una puta vez! ¿Crees que porque la otra noche te corrieras entre mis piernas tienes derecho a colarte en mi casa pidiéndome explicaciones? ¡Pero de dónde sales tú, so mierda!

Víctor se enciende, de nuevo. Elena se acerca a él, sin dejar de apuntarle, y él se acerca a ella, con los ojos flamígeros.

VÍCTOR *(amenazador)*: ¡No insultes!

Víctor es más sensible a las palabras que a las pistolas. Ella lo entiende y se ceba.

ELENA *(brutal, despectiva)*: ¡Un polvo de puta madre…! ¡Si ni siquiera me la metiste, baboso! ¡No te queda nada por aprender!

Víctor se lanza sobre Elena.

VÍCTOR *(fuera de sí)*: ¡Cállate!

La empuja furioso, como si fuera a partirle la cara y en el último momento se hubiera arrepentido.
Elena se desploma sobre el sofá, la pistola cae sobre la mesa del salón y se dispara casualmente. La bala rebota en los aros de una esfera metálica y se estampa contra la ventana. El impacto rompe el cristal (hace un agujero de dos o tres centímetros de diámetro).
Simultáneamente:
En el televisor, una suculenta baby-sitter morena mira por una ventana atraída por los ruidos de la calle. Una bala perdida atraviesa el cristal de la ventana y alcanza a la mujer que cae hacia atrás a cámara lenta.
Los dos disparos suenan a la vez, y el sonido de la rotura de los cristales.
El niño al que está cuidando (un perverso de poco más de ocho años) contempla la escena con los ojos desorbitados de excitación.
A pocos centímetros del televisor, Elena se golpea la cabeza con uno de los brazos de madera del sofá y pierde el conocimiento.
Víctor la mira acojonado.
El rostro del niño exultante, mirando el cuerpo sangrante de su baby-sitter sobre el suelo, y el de Víctor, desolado e impotente, junto a Elena desfallecida, se yuxtaponen.
El niño de Buñuel se solaza viendo cómo mana la sangre del cuello de la nurse. Después le mira las piernas cubiertas por medias negras de cristal (se escucha en off la voz del personaje, Archibaldo, adulto):

OFF-TV: «En ese momento estaba convencido de
que había sido yo quien mató a la mujer...
y le aseguro que ese sentimiento morboso
me causa cierto placer...»

SECUENCIA 33

Dentro del coche. Interior. Noche

David y Sancho escuchan por la emisora policial
un mensaje dirigido a un coche zeta.

OFF-CENTRAL: Se ha recibido un aviso de una señora que ha oído un disparo en su edificio. Calle Eduardo Dato, dieciocho. La
comunicante vive en el segundo piso.

En ese momento la pareja pasa justamente por el
puente de Eduardo Dato. David comenta:

DAVID: Eso está por aquí cerca...

Sin compartir su decisión, Sancho coge el micro (o
como se llame) y se pone en contacto con Central.
(Entre ellos la llaman Sala.)

SANCHO: K de noche, para H 50...

OFF-CENTRAL: Adelante, K de noche.

SANCHO: Acabamos de escuchar el comunicado. Estamos justo en el puente de Eduardo Dato. Vamos a intervenir nosotros...

David mira a su jefe, no le gusta la urgencia de Sancho por intervenir. Le mira con reticencia pero no dice nada.

OFF-CENTRAL: De acuerdo. La comunicante no parecía muy segura... Cuando terminen den cuenta del resultado.

SANCHO: Vale, recibido...

SECUENCIA 34

Casa Elena. Salón. Interior. Noche

Sentado en un sofá de cuero, Víctor mira absorto la película de la televisión, como si estuviera en su casa. Por supuesto no sabe quién es Buñuel ni que *Ensayo de un crimen* es una de las joyas de su época mejicana. Sin embargo, las imágenes le tienen totalmente atrapado: Un tipo con bigote, Archibaldo de la Cruz, coge por la cabeza a un maniquí que es la réplica exacta y escalofriante de una de sus amigas (el personaje que interpreta la actriz Miroslava. La maldad del director aragonés hace que en algunos planos sea la propia actriz la

que ocupa el lugar del rígido maniquí. Por ejemplo, cuando se desliza por la puerta del horno. El resultado es muy impactante y la crueldad del director, evidente).
La escena es puramente surrealista. Archibaldo se dedica a la cerámica y tiene un taller con un horno de grandes dimensiones. Arrastra un maniquí por el suelo del salón, al chocar con un escalón al maniquí se le desprende una pierna. Archibaldo la recoge del suelo y la transporta bajo el brazo.
Por asociación, Víctor mira las piernas de Elena, desmadejada en el sofá de enfrente, junto al televisor. Su respiración es relajada, sólo está desmayada.
Cuando vuelve la mirada al televisor, Archibaldo está colocando al maniquí en una superficie instalada en la puerta del horno. Le ajusta la pierna perdida, se la coloca en el lugar que le corresponde, y acciona una palanca que introduce la superficie en el horno. Enseguida aparece una base de llamas que engullen rápidamente al maniquí, la cabeza se le derrite como si fuera de cera. Víctor mira el rostro de Elena, la chica abre los ojos.
Entre ambos sofás hay una mesa de madera, cuadrada. La pistola reposa sobre la mesa, al lado de Víctor.
Elena no da crédito cuando descubre que el chico continúa todavía allí, y que está mirando tranquilamente la televisión.

VÍCTOR *(aliviado)*: ¡Por fin te despiertas, joder!

ELENA: ¿Pero todavía estás aquí?

VÍCTOR: Claro, no iba a dejarte sola, desmayada…
¿Por quién me tomas, tía?

Elena mira la pistola. Víctor se da cuenta y retira el arma. No hay amenaza en su gesto, simplemente se asegura de que Elena no tenga oportunidad de volver a cogerla.
Elena se toca la cabeza, y emite un gemido.

ELENA: ¡Uh…! ¡Cómo me duele…! ¡Me has abierto la cabeza! *(mira a Víctor)* Vete o llamo a la policía…

Se levanta y se dirige a la ventana, para mirar una vez más si llega su dealer. El dolor provocado por el golpe en la cabeza la empuja al abismo de un solo pensamiento: el jaco. Su ansiedad ha aumentado mientras estaba inconsciente.

ELENA *(murmura, quejumbrosa)*: ¡Un chino, por Dios!

Víctor la observa acercarse a la ventana, coge la pistola y se la guarda en la cintura; le sobresale la empuñadura. Antes de que Elena abra la ventana Víctor se levanta y se acerca a la chica, mientras la informa del modo más natural.

VÍCTOR: Ah, alguien llamó al portero automático. Le dije que no estabas y se fue un poco mosqueado. Por lo visto te había traído unas chocolatinas…

Elena supone que fue el «dealer». No puede contener su furia, se lanza rabiosa contra Víctor, dispuesta a sacarle los ojos.

ELENA: ¡Mi caballo!

Víctor encaja el golpe. Le coge las muñecas para evitar que le pegue. Forcejean violentamente.

SECUENCIA 35

Eduardo Dato. Exterior. Noche

El coche de los policías frena en la acera, frente al edificio donde vive Elena.
El primero en salir es Sancho. Mira la fachada del edificio e inmediatamente descubre a través de la ventana a la pareja peleándose. Ve que Víctor lleva un arma metida en la cintura del pantalón y que el cristal de la ventana tiene un agujero. Cruza la calle, a toda leche, seguido por David.

SECUENCIA 36

*Puerta fachada edificio Elena.
Exterior. Noche*

Sancho pulsa el botón del portero automático del Segundo piso. (El domicilio de la denunciante que oyeron por la radio.) David intenta cogerle el walky que le asoma por un bolsillo de la cazadora, pero Sancho le retira la mano de un manotazo. David se siente un poco humillado por el silencio y las maneras de su jefe. Del portero automático les llega una voz asustada.

VOZ FEMENINA 1: Sí… ¿quién es?

SANCHO: ¡Policía! ¡Hemos recibido una llamada…!

VOZ FEMENINA 1: Sí… fui yo… mi compañera dice que estoy loca, pero le juro que he oído un disparo.

De fondo se escucha la voz de otra mujer discutiendo con la primera.

VOZ FEMENINA 2: ¡Era la televisión!

VOZ FEMENINA 1: ¡Te he dicho que no era la televisión!

Sancho empieza a perder la paciencia y las interrumpe bruscamente.

SANCHO *(en mal tono)*: Por favor, señora, ¿nos abre?

VOZ FEMENINA 1: ¡No soy la señora... la señora está de viaje...! Nosotras somos las internas...
SANCHO *(impaciente)*: ¡Abra de una puta vez, joder! ¡Debajo de sus chanclas hay un loco a punto de violar a su vecina!

David le mira alucinado.
Antes de que Sancho termine de hablar se oye el sonido del portero que permite abrir la puerta. En off todavía pueden escuchar las dos voces femeninas discutiendo: «¿Un violador...? ¿Ves? Te dije que era cosa de Elena.»
Sancho empuja la puerta, seguido de David. El subinspector no está de acuerdo con el modo en que Sancho maneja la situación y arde en deseos de decírselo. Pero Sancho no le da la oportunidad.

SECUENCIA 37

*Portería edificio. Casa Elena.
Interior. Noche*

David y Sancho entran en la portería, más amplia de lo normal (empuñando sus respectivas armas). Está oscuro y lleno de sombras. Suben unos cuantos escalones hasta llegar al primer rellano; a la derecha está la puerta del ascensor, estropeado. En el trayecto David insiste inútilmente en disuadir a su jefe:

DAVID: Sancho, espera un momento... dame el walky...

De nuevo intenta quitárselo del bolsillo de la cazadora. Sancho vuelve a darle un rápido manotazo... y le ignora.

SANCHO: Yo voy delante, tú me cubres...

DAVID *(nervioso)*: ¡Hay que llamar a Sala! ¡Esto es una ratonera!

Sancho se vuelve hacia su compañero, furioso.

SANCHO: ¿Qué quieres? ¿Que esperemos a ver cómo violan y se follan a esa tía?

Suben sigilosamente los escalones que rodean el hueco del ascensor.

DAVID *(enérgico)*: ¡Yo no quiero nada, pero así no se hacen las cosas!

SANCHO: ¡Acojonao es como no se hacen!

DAVID: ¡Estoy acojonado porque no me he mamado dos botellas de whisky como tú y nadie se está follando a mi mujer!

Han llegado a la entreplanta, los dos con las armas en alto. Sancho se vuelve rápidamente contra David, de un golpe le arrincona contra la pared y le agarra brutalmente del pecho.

SANCHO: ¡No vuelvas a nombrar a Clara!

David comprende que ha ido demasiado lejos. Deja caer el brazo donde lleva el arma a un lado. Se calla. Sancho le quita las manos de encima. Ambos corrigen posiciones, conscientes de que han estado en un tris de liarse a hostias. Pero un hondo abismo se ha abierto entre los dos. Ambos lo saben. Atrapados por las sombras de los cables y las cintas del ascensor miran hacia la puerta del primer piso. Madera labrada, cuatro metros de altura, aproximadamente. La puerta se yergue imponente e inexpugnable.

SECUENCIA 38

Edificio Elena. Escalera. Interior. Noche

Los dos policías miran la puerta como quien mira una fortaleza.

DAVID: Bueno, ahí tienes la puerta. ¿Qué hacemos ahora, cómo entramos? *(contemporizador)* Dame el walky, llamamos a Sala y en un minuto tenemos aquí un zeta…

Esa noche Sancho es capaz de cualquier cosa, menos de recuperar un mínimo de sentido común.

SANCHO (*obsesionado*): ¡Hay que entrar!

DAVID (*desesperado*): ¿Pero cómo vamos a entrar ahí, tío?

SANCHO: Llamando.

Todavía les queda un rellano y un grupo de diez escalones para acceder a la puerta del primer piso. La escasa luz de la escalera triplica los perfiles de los hombres y las armas, proyectándolos sobre la pared.

SECUENCIA 39

Casa Elena. Interior. Noche

(Simultáneamente.)
Víctor sale del salón y entra en el distribuidor. Lleva la pistola en la mano. Se oye la voz de Elena.

OFF-ELENA: No te lleves la pistola, que es de mi padre.

Víctor deja la pistola sobre una de las mesas que hay junto a la puerta que da al rellano.

VÍCTOR: ¡Aquí tienes tu puta pistola!

Y abre la puerta. Le basta una fracción de segundo para ver a los dos policías en el rellano, a dos pasos de la puerta. Ellos también le ven a él.

SECUENCIA 40

*Casa de Elena. Distribuidor.
Interior. Noche*

Los tres hombres reaccionan rápidamente y al unísono.
Víctor intenta cerrar la puerta, casi lo logra, pero los dos policías empujan desde fuera. Forcejean unos instantes eternos.
En la puerta del salón aparece Elena, atraída por el bullicio.
Víctor la mira desencajado, ella mira hacia donde está él, pero no a él sino a la pistola que acaba de dejar en la mesita junto a la puerta.
Elena se mueve en dirección a la pistola, pero Víctor la coge antes que ella.
La pareja de policías irrumpe en el vestíbulo, Víctor arrastra a Elena hacia el interior apuntándole con la pistola de su padre.

VÍCTOR: ¡Quietos o disparo!

Los policías se detienen en seco. Las dos parejas se sitúan casualmente a sendos lados de la alfombradiana, por dentro. Como si hubieran caído en una trampa.

SECUENCIA 41

Vestíbulo casa de Elena. Interior. Noche

Tres hombres, tres armas. Elena hace recuento y se queda rígida ante el resultado. Los dos policías, inmóviles, apuntan a Víctor mientras éste sostiene la pistola con mucho cuidado a pocos centímetros de la cabeza despeinada de Elena. Pero está completamente fuera de sí, presa del pánico.
De los cuatro, David es el que conserva mayor control. Una vez instalado en el peligro, todo el miedo que previamente sentía ha desaparecido. La presencia de Elena le dispara las endorfinas.

DAVID *(a Víctor)*: Tranquilo… tranquilo. Suelta a la chica.

Elena mira a David, su voz le tranquiliza. En ese instante le adora. Se establece de inmediato una corriente entre los dos. De repente, David se alegra de estar allí para salvarla.

VÍCTOR *(dando alaridos)*: ¡Qué hacen aquí! ¡... Yo no he hecho nada...! *(a Elena)* Díselo tú, ¿eh? ¡... Que todo esto es un error...!

Elena emite un gemido por toda respuesta. Se lleva una de las manos a la mejilla. En el follón se ha hecho un rasguño en el pómulo y sangra un poco.

SANCHO: ¡Tú sí que estás cometiendo un grave error, so mamón!

DAVID *(recrimina)*: ¡Sancho, joder!

VÍCTOR *(insiste, a gritos)*: ¡Pero si yo no he hecho nada!

SANCHO: ¿Y la herida de la cara? *(señala a Elena)*

VÍCTOR: ¿Qué herida? *(la mira y descubre el rasguño en el pómulo)* Lo siento... Se lo habré hecho ahora al arrastrarla, sin darme cuenta...

De tan peregrina y naïf la explicación resulta verosímil. David comprende que lo único que hace peligroso a Víctor es el pánico que le atenaza. Tiene que tranquilizarlo, como sea. Pero se había olvidado de su compañero...

SANCHO: ¡Como no sueltes a la chica te voy a arrancar los huevos de cuajo, caraculo!

Sancho inclina el cañón de su pistola y le apunta a Víctor directamente a los genitales. La amenaza surte un efecto inmediato. Víctor se pone más nervioso de lo que estaba, la pistola le tiembla en la mano. A David le saca de sus casillas la conducta de su compañero.

DAVID: ¡Sancho! ¡No le provoques más, joder!

SANCHO: ¡Cuidado…! ¡No me provoques tú!

David le mira furibundo. Decide tomar las riendas de la situación, ignorando y neutralizando a Sancho.

DAVID *(a Víctor)*: ¿Cómo te llamas?

VÍCTOR: Víctor… Víctor Plaza…

DAVID: Víctor, yo sé que todo esto tiene una explicación… *(David da una verdadera lección de juicio y capacidad de convicción)* Deja la pistola, me entregas a la chica… y después me lo explicas todo… ¿De acuerdo?

Víctor sucumbe ante la amabilidad del policía joven.

VÍCTOR: Bueno, pero que éste deje de apuntarme a los huevos… *(por Sancho)*

SANCHO *(ruge)*: ¡Como no sueltes a la chica voy a hacer tortilla francesa con ellos!

David deja de apuntar a Víctor y apunta a su compañero Sancho.
Las circunstancias legitiman de sobra la sublevación.
Le pega el cañón de la pistola a la sien y le ordena:

DAVID: ¡Sancho, ya está bien! ¡Tira la pistola al suelo!

A Sancho le coge por sorpresa.

SANCHO: David, que se te va la bola... ¡Le estás apuntando a un superior!

DAVID: ¡Estoy apuntándole a un loco y a un borracho! ¡Dame la pistola!

Víctor y Elena flipan, por primera vez sus sentimientos coinciden. Sancho no sabe qué hacer, empieza a bajar lentamente el arma, sin desprenderse todavía de ella, profundamente avergonzado. Con una mano David vuelve a apuntarle a Víctor, y con la otra tiene medio cogido a Sancho por la muñeca, apuntando al suelo con su pistola. Sancho se deja hacer, cabizbajo, humillado.

DAVID *(a Víctor)*: Vamos a hacer un trato. Mi compañero me da la pistola, después tú dejas la tuya y me entregas a... *(mira a Elena)* ¿Cómo se llama?

ELENA: Elena.

DAVID *(a Elena)*: Encantado, Elena. *(a Víctor)* ¿De acuerdo?

VÍCTOR *(confuso)*: Bueno…

DAVID *(ordena contundente)*: ¡Sancho, dame la pistola de una puta vez!

Se la quita de un tirón.

SECUENCIA 42

Vestíbulo casa Elena. Interior. Noche

Y Sancho permite que David le coja la pistola. No protesta, su expresión es turbia y sombría. David le ha humillado delante de aquella gentuza. Si el joven policía tuviera el menor interés en mirarle descubriría que el auténtico peligro lo entraña Sancho. Pero David sólo tiene tiempo, ojos, intuición y valor para intentar liberar cuanto antes a Elena, arrancarla de aquella encrucijada.
Sólo se oye el tic-tac de un reloj antiguo. Elena suda como una cerda en celo. Hay que romper ese impass.

ELENA *(a Víctor)*: ¡Deja de apuntarme! Suéltame…

Pero Víctor se demora. No lo ve claro.

DAVID *(amable)*: Vamos, Víctor… hemos hecho un trato, ahora te toca a ti.

David sabe que desde que irrumpieron en la casa ése es uno de los momentos más delicados. La capitulación.

Víctor baja el brazo con el arma, lentamente, sin soltarla todavía. Los cuatro permanecen quietos por un segundo eterno.

VÍCTOR: Sí, pero… a mí, ¿qué me va a pasar?

DAVID *(hipnótico)*: Nada…

David le tiende la mano a Elena como si la invitara a bailar.

DAVID: Nada… baja la pistola… por favor… *(a Elena)* Señorita…

Elena empieza a desplazarse hacia David, despacio, insegura. El tiempo se detiene, se eclipsa o se dilata (la música debe ayudar a conseguir ese efecto). ¡En su acercamiento Elena mira a David con tal intensidad…! Hay tanto morbo, tanta gratitud, tanto deseo, tanta alegría y tanta tristeza en esa mirada, que David (una vez que Elena le rebasa) vuelve la cabeza para disfrutar un momento más de aquellos ojos oscuros, como el fondo de un pozo manchego. Ese brevísimo instante de distracción (David sólo ve los ojos de Elena, se olvida de Víctor y Sancho) lo aprovecha el policía mayor para embestir como un toro al muchacho, que todavía tiene la pistola del padre de Elena en la mano, apuntando al suelo.

SECUENCIA 43

Vestíbulo casa Elena. Interior. Noche

De la embestida ambos caen sobre el parquet del suelo. Elena huye por la puerta.
David se vuelve hacia Sancho y Víctor, confundidos en un violento abrazo. Apunta a bulto, el continuo revolcón de los dos púgiles le impide decidirse. Impotente, les increpa:

DAVID: ¡Sancho…! ¡Víctor…! ¡Dejad la pistola!

Pero su voz ha perdido toda la fuerza, se la llevó Elena pegada a su retina como una lentilla.
Sancho lucha para arrebatarle la pistola a Víctor, las piernas van por libre. Las manazas de Sancho rodean las de Víctor, que continúa empuñando la pistola. Se dan patadas, todo sirve.
Mientras David apunta al revoltijo de los dos cuerpos, por la puerta, detrás de él, aparece lentamente la cabeza multicolor de Elena, curiosa y atrevida como la mujer de Lot. ¿Significa que ha dejado de pensar en sí misma y ahora se preocupa por David…? ¿O es la fascinación del abismo? David

intuye su presencia, se vuelve hacia la puerta y la echa a gritos:

DAVID: Pero, ¿qué hace aquí? ¿Se ha vuelto loca?

SECUENCIA 44

Rellano casa Elena. Interior. Noche

David se acerca a la puerta y casi empuja a Elena hacia la escalera, con un gesto de la mano y una orden:

DAVID: ¡Vete!

Elena echa a correr, escalera abajo.
Suena un disparo, David continúa junto a la puerta, de espaldas al vestíbulo, asegurándose que Elena se va. La bala le alcanza en plena cintura. Pero él no siente nada. Intenta salir corriendo, y de hecho tiene la impresión de que consigue dar dos pasos, pero no es cierto, son sus brazos y su cuerpo que al caer a lo largo abarcan la anchura del rellano.
David se agarra a los hierros de la baranda, como un preso aferrado a los barrotes de su ventana. Intenta erguirse pero sólo consigue elevar el torso. Elena se detiene y vuelve la cabeza hacia él. Los cables y mangueras del ascensor le surcan la cara y se reflejan en la pared, produciendo también una

impresión carcelaria, atrapando su desconcierto en una red de sombras paralelas.
Mira a David inquisitiva, suplicante, dolorida, asustada, desorientada. Está a punto de volver sobre sus pasos para socorrerle, pero David se lo impide con un nuevo grito: (¡Vete! ¡Vete!)
David no sabe lo que está ocurriendo, sólo sabe que quiere salvar a la chica del pelo multicolor, la de la mirada insondable y oscura...
Elena obedece y empieza a bajar la escalera, el disparo le retumba en la cabeza como un trueno y se le queda dentro.
Peldaño a peldaño se aleja de un tipo de vida y desciende a otra muy distinta.

SECUENCIA 45

Reportaje televisivo. Sólo el televisor.
Dos años después. Barcelona 92

Aparecen los bordes azul y rojo de la cancha paralímpica, con una inscripción en el suelo, en letras enormes: Barcelona 92. De nuevo, el decorado natural nos proporciona el título del siguiente bloque narrativo, además de servirnos de elipsis.
Tres deportistas sobre silla de ruedas cruzan la pantalla y dan una vuelta en la mitad de la inscripción (Barcelona 92) como obedeciendo a una irónica coreografía.

Primer plano de un televisor.
Al principio no vemos el lugar donde está emplazado. El televisor está dentro de una caja de madera con cerradura, no es una cuestión de diseño sino de prevención contra los robos.

OFF-LOCUTOR: En los juegos paralímpicos de Barcelona 92 la Selección española ha conseguido otra medalla en la categoría de Baloncesto sobre silla de ruedas...

SECUENCIAS 46 Y 47

*Cárcel. Zona social o recreativa.
Interior. Día. Partido de baloncesto que se ve en televisión*

Víctor juega al parchís, de pie, junto a otros tres presos, de fondo se escucha la voz del locutor comentando los éxitos del equipo español de baloncesto sobre silla de ruedas.
El gráfico del parchís está dibujado a mano, y heredado de generación en generación. La base es un trozo de sábana blanca que se ajusta a los picos de una mesa, a su vez clavada al suelo.
Cada una de las cuatro casas alberga el dibujo de una tía en bolas. Para el dibujo se han utilizado

bolígrafos de distintos colores. Debería figurar en una antología de arte póvera.
El aparato de televisión está instalado en la zona superior de una de las paredes.

OFF-LOCUTOR: La selección española derrotó por 56-52 a la selección argentina.

La acción relatada por el locutor se ve en primer plano, en el televisor.

OFF-LOCUTOR: El balón llega hasta David de Paz, con el dorsal número cinco...

El espectador reconoce al policía herido en la secuencia 44, dos años antes. Está más voluminoso de cintura para arriba. Cuando Víctor escucha el nombre de David se olvida del parchís y mira al televisor.

OFF-LOCUTOR: ... Sin duda el mejor del encuentro. De Paz aguanta la presión de la defensa argentina y consigue lanzar...

En efecto, David lanza el balón mientras cae de la silla, empujado por uno del equipo argentino. A pesar de la postura consigue encestar y además le hacen personal.

Los espectadores aplauden.

OFF-LOCUTOR: Entre el público una espectadora de excepción celebra la canasta decisiva.

El operador del programa muestra un primer plano de una chica de pelo color castaño, recogido bajo una gorra. Los ojos de gato recuerdan a Elena. Víctor abre desmesuradamente los suyos, casi no puede respirar de la impresión... En el televisor David acaba de encestar la canasta definitiva. El público que llena las gradas brama de entusiasmo. La chica aplaude entusiasmada. Su aspecto es el opuesto al de Elena, pero recuerda a Elena.

OFF-LOCUTOR: ... Es Elena Benedetti, esposa de David de Paz. David de Paz, expolicía que quedó parapléjico en acto de servicio a consecuencia de un disparo, ha completado un excelente torneo, con una media de veinte puntos, ocho rebotes y tres asistencias por encuentro...

El espacio carcelario también está abarrotado, Víctor sortea la multitud hasta ponerse muy cerca del televisor. Lo que ve le pone literalmente enfermo (de odio).

Empieza a escucharse una canción de Albert Pla, la canción representa la voz interior de Víctor (dedicada expresamente a la nueva Elena, radiante de felicidad, que ve en el televisor).

Cantada en un murmullo, desgarrado y huérfano:

> *Yo quiero que tú sufras lo que yo sufro*
> *y aprenderé a rezar para lograrlo.*

*Yo quiero que te sientas tan inútil
como un vaso sin whisky entre las manos.
Que sientas en tu pecho el corazón
como si fuera el de otro y te doliera.
Yo te deseo la muerte donde tú estés
y aprenderé a rezar para lograrlo.*

Imágenes que vemos en el televisor, mientras se escucha la canción:
Entre aplausos David recoge la tarjeta y se reúne con sus compañeros del banquillo, los saluda con la mano izquierda abierta, al estilo americano. Elena abandona su asiento y baja hasta la barrera que separa el terreno de juego de las gradas.
David se acerca a ella, sin importarle los cientos de espectadores que les jalean. Cuando por fin se encuentran, la pareja se funde en un intenso besoabrazo.

SECUENCIA 48

Discoteca. Interior. Noche

(Como parte del programa de televisión.)
Por la noche, el equipo español celebra la victoria como el resto de los mortales: pasándose mucho y a lo grande en una discoteca.
David está un poco achispado. Le gasta bromas a todo el mundo.

Varios jugadores se mueven en la pista, al ritmo de la música, la mayoría bailan con sus novias. Ellos en su silla de ruedas, y ellas de pie. La situación resulta de lo más natural.
David sale con Elena y se une a sus compañeros. La coge y la anima a sentarse encima de sus muslos inmóviles, a horcajadas.
Con el movimiento incesante de las ruedas, para arriba y para abajo, da la impresión que estuvieran follando. Todos bailan, dan vueltas concéntricas (éste es el movimiento preferido y que mejor hacen) en la silla, sobre la misma base, al ritmo de alguna música frenética que no se oye, porque mientras Víctor contempla el programa sólo escuchamos la canción de Albert Pla. La ausencia de sonido real, proporciona a las imágenes una pátina de irrealidad.

SECUENCIA 49

Cárcel. Interior

Víctor mira la televisión con los ojos brillantes de dolor e impotencia. Lleva el pelo casi al cero, los dos años de cautiverio le han endurecido el careto. Ya no parece tan crío.
La escena termina mostrando un plano general del espacio social carcelario.
Amplio y liso. Ni una sola anécdota arquitectónica en su superficie. Sólo dos manchas de humedad

alegran la vista de los presos. Si hubiera una barra podría decirse que es un bar. Pero no hay nada, excepto algunas mesas cuadradas y algún banco. Ni un mísero cartel en la pared. La mayoría de los presos son morenos, o lo parecen. Casi ninguno lleva el pelo largo. Da la impresión de que todos tuvieran el pelo de punta, ese corte que espontáneamente se consigue dejando crecer el pelo después de haberlo cortado al cero.
La luz ambiental posee alguna cualidad que los uniformiza, como si pertenecieran a la misma raza, o fueran de la misma familia.
Y hay muchos, casi todos de pie vestidos con los más variados chándals de marcas anónimas o imitación de otras conocidas. Todos están en tensión, esperando que ocurra algo de un momento a otro.

SECUENCIA 50

Celda de Víctor. Interior. Noche

El posavasos, con la marca de los labios de Elena y su antiguo número telefónico (lo vimos en las primeras secuencias) sobresale por entre las páginas de una Biblia usada, de pastas rojas.
Víctor comparte su celda con dos reclusos más. Trabaja sobre una mesa diminuta, donde se amontonan: un libro de la UNED (Universidad

a Distancia) de Pedagogía, la Biblia, una carta abierta y una foto de Víctor-niño con su madre. También hay un recorte de periódico, con la noticia de su nacimiento en un autobús que incluye una foto con el alcalde y unas monjitas tan bigotudas como el edil. Mientras se muestran, en plano muy corto, detalles de todo esto, oímos la voz de la madre, una voz rasposa, cansada, y con acento extremeño.

OFF-MADRE VÍCTOR: Hijo mío: Tengo cáncer. No creo que llegue hasta que salgas de la cárcel... Te dejo la casa de La Ventilla, si no la tiran antes, y algunos ahorros, si esta maldita enfermedá no se lo come tó... No he sido una buena madre pa ti, ya lo sé. Lo que he tenío lo he compartío contigo, pero la calle no me dio más que miseria... Te mando una foto y el recorte de periódico, me lo has pedío tantas veces... pero hasta hoy no lo he encontrado... algunos días tengo la cabeza...

La voz de Víctor se cruza con la de su madre, como dos personas que se encuentran por la calle, con muchas cosas que decirse pero poco tiempo para decírselas. Van a lo esencial, o ni siquiera eso... Casi no dicen nada.
En imagen vemos a Víctor escribiendo a su madre, en la celda:

OFF-VÍCTOR: Madre..., te alegrará saber que no me he enganchado a las drogas... ni me han contagiado el sida. Estudio mucho, me paso el día dando clases… de pedagogía, carpintería metálica, artesanía, hasta de Teología… con las clases redimes pena y aprendes cosas. Un compañero búlgaro me está enseñando búlgaro y también me he aficionado a la Biblia… Ahora estoy enrollado con el Génesis… Creerás que estoy majara, ¿verdad…? Pero si no quiero volverme loco debo tener la cabeza ocupada y no pensar. Y Dios es un tema tan bueno como otro cualquiera…

Imágenes que lo ilustran:
- Detalles de la celda. Víctor la comparte con dos internos más.
- El posavasos, la carta, la foto, un libro de Pedagogía de la UNED.
- El vaivén del patio. Esa sensación de peligro inminente, de que algo va a estallar.
- La ventana de la celda por la que se ve el cielo.
- Víctor se machaca en el gimnasio.
- Trabajos manuales, con madera, hierro, cajas de cerillas, palillos, etc. (Algunas de estas habilidades manuales aparecerán al final, en la preparación del belén.)
- Víctor escribiendo, en su celda.
- Subraya en la Biblia, en el Génesis: «Vio Elohim que la luz era buena y estableció Elohim la separación entre la luz y las tinieblas. Llamó a la luz día y a las tinieblas noche. Y atardeció y luego amaneció: Día uno.»
- Desde el exterior, una imagen muy expresiva

del edificio carcelario, haciéndose el día y la noche, ilustrando la separación de la luz y las tinieblas de las que habla la Biblia.

(Las imágenes duran lo que dura el off de Víctor.)

Letrero: CUATRO AÑOS DESPUÉS.

SECUENCIA 51

*Fachada cárcel. Exterior. Día.
Cuatro años después*

Víctor sale de la cárcel. Algunas cicatrices en la ceja y en otros lugares del cuerpo certifican el paso de los seis años vividos «dentro». El pelo corto y una perilla tipo chumino que no llega a encontrarse con un bigotillo le da un aire moderno, aunque él no lo sepa.
El edificio carcelario se halla situado en plena ciudad.
Víctor lleva en la mano una bolsa de deporte con sus escasas pertenencias.
Una vez en el exterior respira hondo, como si el aire de este otro lado del mundo fuera de mejor calidad.
Camina un poco. Sólo ha dado unos cuantos pasos cuando encuentra una valla publicitaria cuyo contenido le resta alegría a su libertad. Es un anuncio

de Champion, ropa deportiva, aunque cualquiera diría que anuncia un abrillantador. Todo brilla en la foto. La silla de ruedas, la medalla de plata que David lleva colgada en el pecho (en el mejor estilo hortera caribeño). Los dientes que sonríen al balón en el justo momento de entrar en una reluciente canasta. El eslogan reza: «Con Champion tú también puedes.»
(El anuncio va dirigido a todo tipo de adicciones, o debilidades crónicas: gordos, toxicómanos, alcohólicos, ludópatas, corruptores de menores, cleptómanos, exhibicionistas... depresivos... infelices en general.)

Víctor maldice al brillante deportista parapléjico.

SECUENCIA 52

Calle. Exterior Farmacia. Interior. Día

En la misma calle de la cárcel, Víctor entra en una farmacia.
Compra una caja de profilácticos.

SECUENCIA 53

Loft de David y Elena. Interior. Día

A. En su despacho, David cuelga de la pared una secuencia de fotos, enmarcada. En las fotos se ve a Elena rodeada de niños.
Las gorras y las fotos deben estar entre las principales aficiones de David (mejor dicho, su mujer y el baloncesto son sus principales y casi únicos intereses). Las paredes están llenas de gorras y fotos de Elena. Es evidente que las fotos las ha hecho él. Encima de la mesa escritorio hay una cámara y alguna hoja de contactos fotográficos. Una de las paredes la ocupan enteramente los pósters de sus ídolos, Jordan, Magic Johnson, Shaquil Oneil. También incluye, tamaño pequeño, una reproducción de su anuncio de Champion.

B. Con un aspecto menos impoluto que en el cartel, sudoroso, desencajado por el esfuerzo, con barba de varios días, etc., David entrena obsesivamente dentro del loft que comparte con Elena.
Tira una y otra vez a una canasta instalada en el interior de la vivienda, en el centro del loft.
El loft es muy amplio. Todo diáfano, con suelo de parquet, ideal para que la silla se deslice sin problemas.
Hay dos zonas sociales en ambos extremos y una gran puerta de acceso. Los muebles son amplios, cómodos, clásicos del diseño moderno (Hoffman,

Eileen Gray, Corbusier, Donald Judd, etc.), fríos y adaptados a las condiciones de un parapléjico. No hay cuadros en las paredes, pintadas de un agradable verde ceniciento. La frialdad diáfana del ambiente pertenece a Elena, el despacho de David es mucho más vulgar y está mucho más vivo.
Además de las gorras pinchadas en las paredes, hay banderines de los Bulls, los Lakers, etc. Y algún trofeo.
La cocina, a la izquierda con respecto a la entrada, también está descubierta. Por el centro podría circular un coche, y no chocaría con los muebles.
La canasta está limitada por dos superficies de red metálica, a ambos lados, para evitar que los balones invadan el resto de la vivienda, le da al interior cierto aire de exterior neoyorkino.
Sobre el parquet hay dibujado un gráfico en colores de las líneas que componen la Zona de Baloncesto, es decir, un trapecio que termina en semicírculo, cuya base es la Línea de Personal, que parte la bombilla en dos. Al círculo entero se le llama la Bombilla.
Al fondo del loft, según se entra, se levanta un segundo nivel al cual se accede por una escalera diáfana y metálica. Este segundo piso (pegado a la pared del fondo, como un balcón) es una especie de ingenioso altillo, sin paredes, donde todo está a la vista, incluída la cama y las mesillas. Dos puertas sugieren en su interior sendos cuartos de baño. Flotando en el espacio, la cama domina todo el loft, omnipresente como una obsesión.
Sobre la barandilla de la escalera que comunica los dos niveles, hay instalado un cómodo asiento-ele-

vador que transporta a David hasta la habitación superior. Junto al asiento-elevador, arriba, en la parte final de la escalera, siempre hay una silla para que David se desplace por la superficie del altillo una vez que esté arriba.
Frente a la parte donde está la cama hay una gran persiana, del suelo al techo. Sólo hay otra ventana, junto a la cocina. El Madrid que se ve por las ventanas es poco identificable: un caos de edificios de altura media e índole muy diversa, ni feos ni bonitos.
Existe una clara intención de que el espacio sea lo más diáfano posible y cierta frialdad en su concepción. Antes de que Elena lo comprara, el loft perteneció a un estudio de arquitectos.
Y esa herencia se nota.
Un mueble de madera, antiguo y noble, que ya apareció en la casa de Eduardo Dato, une las dos épocas de Elena. También conserva la foto de familia (Elena y sus padres en Roma) colocada en la mesita de noche, junto a la cama volada.

SECUENCIA 54

Barrio de La Ventilla. Casa de Víctor.
Exterior. Día

El barrio de La Ventilla se halla situado sobre un grupo de colinas, cerca de Tetuán y Plaza de

Castilla. Las cuestas recuerdan a San Francisco, pero si uno se fija en las fachadas aquello parece más bien una ciudad en plena guerra civil.
El progreso, desigual hasta la ferocidad, ha bombardeado la zona reduciéndola a escombros. Pero la amenaza no termina ahí.
Víctor llega frente a la casa donde vivió con su madre (la casa que ha heredado). La encuentra aislada, rodeada de escombros, en un descampado lleno de yerbajos y de barro.
Da la impresión de que hubieran arrancado de cuajo la casa que antes estuvo al lado. Entre los escombros todavía puede verse parte del suelo (un dibujo geométrico de baldosas hidráulicas) y un árbol desafiando el moderno horizonte.
Al fondo, las Torres KIO de perfil, como si el Madrid moderno le diera esquinazo al popular barrio. También se recorta contra el cielo el característico depósito de agua. Todo ello, junto a los bloques o casas derruídas del barrio, compone una imagen de un expresionismo rabioso.
Frente a la casita superviviente, se extiende una muralla muy larga, pintada de grafittis. A los lados de las calles, a cuatro o cinco metros del suelo pueden verse multitud de cables que sostienen el aire.
El paisaje rezuma desolación y vida... No se ve a nadie. Si acaso una o dos personas, subiendo lentamente una cuesta.
Víctor se detiene ante la puerta de su casa. La cerradura ha sido forzada por diversas generaciones de okupas.

SECUENCIA 55

Casa Víctor. Día. Interior

El aspecto del interior de la casa no es menos desolador. Algunos muebles desvencijados conservan las huellas de los últimos ocupantes, como petrificadas por el polvo. No hay recuerdos de la madre. Unas pantuflas cerca de la puerta mantienen todavía el ritmo de los pies que las calzaron. Hay revistas y periódicos sobre un sofá destripado, un tetrabric de leche, tazones... todo tal cual lo dejaron.
La cocina está llena de cacharros.
Víctor agudiza la mirada, avanza entre los trastos y encuentra un pequeño guerrero de plástico, diminuto. Lo coge y se lo guarda, sonriente. Es el único recuerdo vivo de su infancia.

SECUENCIA 56

Cementerio. Exterior. Día.
Una zona modesta del cementerio próxima a una carretera interior

Víctor permanece de pie, con los brazos descolgados y las manos enlazadas, en actitud infantilmente respetuosa, frente al nicho donde reposan los res-

tos de su madre. En la superficie hay una foto antigua de Isabel. El nicho forma parte de un muro con decenas de ellos de idéntico tamaño, viejos y descuidados.
Parece una maqueta de los bloques de colmenas del barrio de la Concepción, el lugar donde en su etapa anterior, algunos de aquellos cuerpos vivieron y respiraron el aire contaminado de la M-30. Ironías arquitectónicas.
Víctor mira la foto y la escueta superficie cuadrada del nicho.
Un nombre de mujer y dos fechas. Dolorosa síntesis. En qué poco se puede resumir la vida de una persona.

VÍCTOR: Madre... hace dos días que estoy fuera... No he venido antes porque he estado limpiando la casa... ¡No sabes cómo estaba...! Esta mañana he ido al banco a cobrar tu herencia.

Saca un fajo de billetes bastante abultado. Roza los bordes con el pulgar, como si fuera una baraja.

VÍCTOR: Ciento cincuenta mil pesetas... cuando venía para acá, intentaba calcular la cantidad de polvos que habrás tenido que echar para ahorrar ciento cincuenta mil pesetas... por lo menos, mil polvos... *(no puede dominar su pena)* y yo he conseguido el mismo dinero sin haber follado una sola vez... ¡No es justo...! ¡Lo mires por donde lo mires no es justo!

Unos ruidos a su espalda le distraen de sus lágrimas. Se vuelve. Por la carretera que hay junto al bloque de nichos pasa un cortejo fúnebre. Las lágrimas hacen que lo vea todo borroso, como a través de un cristal azotado por la lluvia. Aún así le llama la atención que un miembro del cortejo se mueva sobre una silla de ruedas. No, por lo menos son dos. Se limpia los ojos. Ahora puede ver con claridad. En efecto, se trata de varias personas vestidas de oscuro, cubiertas por un espléndido surtido de gafas negras de sol. Dos de esas personas son minusválidas y van sobre sillas de ruedas: David y un colega de su equipo. Sancho va junto a ellos. La visión de los dos policías le sobresalta. El mismo azar que les hizo coincidir en el vestíbulo del padre de Elena, los vuelve a reunir en la ciudad de la muerte.
Elena encabeza el cortejo, Víctor no tarda en descubrirla. El pelo, recogido bajo un sombrero negro sofisticadamente gangsteril, le da un aire sobrio e intransigente. La muerte le sienta bien, la encuentra más seductora que nunca. Una tía mayor y carnal, la hermana de su padre, camina enganchada al brazo de Elena, en actitud despectiva y doliente. Le sorprende que estén tan próximas zonas socialmente tan opuestas. Sólo un camino asfaltado separa el muro de los nichos miserables de la zona elegante del cementerio a la que ellos se dirigen. Siempre hubo clases, incluso en los cementerios. ¡Pero tan próximas...! La tía habla en italiano con Elena. (Es como Nueva York, le dice, basta cruzar una acera para pasar de la mendicidad al lujo... a mí esas cosas me dan miedo.) ... Elena está cansa-

da y distraída. Sólo desea que aquello termine cuanto antes.

SECUENCIA 57

*Cementerio. Exterior. Día.
El entierro*

Oculto entre cruces tan altas como él, Víctor contempla la escena. El día está bañado por la blanca y dura luz invernal.
Mientras tres operarios, vestidos con sus reglamentarios trajes de pana gorda, llenan la zanja de tierra, David le susurra algo a Elena (probablemente que va a por el coche) y se separa del grupo, acompañado de Sancho. Elena y la tía, reciben de pie el pésame de los últimos amigos.
Entre ellos, un hombre de aspecto ministrable y evidente peluquín saluda a Elena. («Elena, mi dispiace molto... ti sono molto vicino, sai?)
Sin que nadie advierta su presencia, Víctor se ha puesto en la cola, va después del hombre del peluquín. Al principio Elena no le reconoce, Víctor le coge las manos y la besa en ambas mejillas, muy cerca de la boca. A Elena le llama la atención la sinceridad de aquel beso, la ausencia de rutina y de protocolo en el contacto de aquellas manos.
Imitando al hombre anterior, Víctor le dice en italiano:

VÍCTOR: Elena, mi dispiace molto, ti sono molto vicino, sai?

Elena está a punto de desmayarse, se sujeta la patilla de las gafas como si ese gesto la ayudara a mantenerse en pie, busca con la mirada a David, aterrada ante la perspectiva de un posible reencuentro entre los tres hombres. David está lejos, camina junto a Sancho, se dirigen a la salida.
Sin que ellos le vean, Víctor todavía vuelve la cabeza para comprobar la turbación que ha provocado en Elena. Después se disuelve entre los árboles.

SECUENCIA 58

Cementerio. Exterior. Día

El equipo de enterradores trabaja a fondo.
No disimulan su prisa. Sin la presencia de amigos y dolientes la operación pierde solemnidad y no se diferencia de cualquier otra obra de albañilería o fontanería. Los ramos de flores y las coronas se amontonan desordenadas por el suelo, junto a la tierra, como si fueran basura.
Víctor observa la operación, con esa curiosidad indolente de los peatones madrileños ante cualquier obra callejera.
Se acerca a los ramos de flores con mirada ávida.

Reflexiona en silencio sobre lo injustamente distribuidas que están las flores en el mundo...

VÍCTOR *(a un operario, en tono humilde)*: Jefe, ¿le importa si cojo algunas flores para la tumba de mi madre?

OPERARIO: Coge las que quieras, no creo que al Sr. Benedetti le importe... las vamos a tirar...

Víctor coge un ramito que casualmente lleva adherida la tarjeta del gran ramo al que perteneció. Separa la tarjeta de las flores; antes de tirarla se le ocurre echarle un vistazo. Es una tarjeta muy sencilla, en una cara lleva impreso un dibujo infantil. Debajo del dibujo, también con colores y tipografía infantil destaca en letras grandes «El Fontanar», Hogar infantil. Debajo pone la dirección. Le da la vuelta a la tarjeta. «Ánimo, Elena, te queremos y te necesitamos.» La firman «tus compañeros» y «tus niños».
Víctor levanta la cabeza, como para apuntar mentalmente tan valiosa información, cuando se cruza con la mirada de una mujer que acaba de llegar, desorbitada, al lugar donde está el grupo.
Es Clara. La mujer de Sancho. El espectador la reconocerá de las primeras secuencias, cuando hablaba con el policía mayor por teléfono.
Está más bella y más deteriorada. Más desorientada y más ojerosa.
La luz invernal acentúa su palidez. Tal vez sea el frío, o el reflejo de las tumbas. Un precioso abrigo de piel de leopardo disimula su fragilidad.

Los ojos profundos, bellísimos, con un punto abismado de insatisfacción e histeria, la mujer mira desalentada primero a Víctor (que se ha guardado la tarjeta en el bolsillo de atrás del pantalón) y después a los obreros (que continúan su tarea).

CLARA: ¿Es aquí el entierro del Sr. Cónsul Benedetti...?

OPERARIO: Sí, pero la familia ya se ha ido.

CLARA *(se lamenta)*: Llevo media hora dando vueltas por el cementerio como una zombi...

Interviene Víctor, con el ramito de flores en la mano. Se dirige hacia Clara y le explica:

VÍCTOR: Ha sido todo muy soso y muy rápido... ¡De repente les han entrado a todos unas prisas! Yo estoy muy decepcionado.

Por corte.

Clara y Víctor caminan entre tumbas, por la zona pobre.

CLARA: ¿Eres amigo de la familia...?

VÍCTOR: De Elena, sobre todo... al padre no le conocía, sólo sé que era un diplomático italiano y que tenía una pistola... ¿Y tú?

CLARA: Yo, al que conozco más es a David… *(piensa en la época en que le veía diariamente)*

Víctor la mira como si le adivinara el pensamiento.

VÍCTOR: ¿Tú crees que son felices?

Clara mira a las tumbas. Imposible orientarse entre tanta muerte.

CLARA: ¿Los muertos…? Puede ser… yo también me lo pregunto.

VÍCTOR: No, me refiero a Elena y David.

CLARA *(extrañada)*: No lo sé, pregúntaselo a ellos.

Por corte.

SECUENCIA 59

Cementerio. Exterior. Día

Víctor se acerca al nicho donde descansan los restos de su madre.
Deposita las flores. Clara se acerca por detrás.
Mira la foto de Isabel, piensa que se parece a ella.
Es una sensación rara, como un presentimiento de doble filo (agradable y desazonador, a la vez).

CLARA: ¿La conoces...? ¿La conociste, quiero decir?

VÍCTOR: No mucho... era mi madre.

A Clara le enternece la naturalidad de Víctor. Le cae bien, y la mujer de la foto también.

CLARA: Déjame...

Coge las flores que Víctor colocó previamente y las vuelve a ordenar, con cuidado dentro de un recipiente casual. El resultado es mucho mejor. Se nota que Clara está familiarizada con las flores.
A Víctor le encanta el gesto y se lo agradece con una sonrisa de oreja a oreja. Clara sucumbe a esa sonrisa.

VÍCTOR *(como un crío)*: ¡Gracias!

CLARA: He dejado el coche aparcado cerca de alguna de las entradas del cementerio... Si me ayudas a encontrarlo te llevo donde quieras...

VÍCTOR: ¡Hecho...! ¡Guay!

Empiezan a caminar. Solos. Rodeados de tumbas, árboles y sombras.

CLARA *(explica)*: No tengo el menor sentido de la orientación.

VÍCTOR: ¿Recuerdas al menos el color y la marca del coche?

CLARA: Pues claro, hombre, no estoy tan zumbada.

SECUENCIA 60

*Barrio de La Ventilla. Casa Víctor.
Vista aérea de la zona. Exterior. Día*

El coche de Clara llega al barrio de La Ventilla.
Los ladridos de un perro le dan la bienvenida.
Detiene el coche. Y desciende lentamente, después de Víctor.
Describe con la cabeza una panorámica de 180º y está a punto de echarse a llorar. Murmura, para sí:

CLARA: ¡Dios mío! Parece Sarajevo...

VÍCTOR: ¡Nos van a expropiar, lo van a tirar todo!

Hay un cartel institucional con el plan oficial de las obras, un vecino anónimo ha colgado una cuerda de la parte superior de la valla, la cuerda termina en un nudo, una horca.

CLARA: ¿Cuándo?

VÍCTOR: No lo sé... van a construir una avenida muy importante... Príncipe de Asturias,

>creo que se va a llamar... ¿Quieres tomar algo...? Te invito...

La visión de tanta miseria la deprime. Clara se siente amenazada de extinción como el propio barrio.

CLARA *(reconoce)*: La verdad es que una copita me ayudaría a entrar en calor.

Se dirigen a la casa de Víctor.

SECUENCIA 61

Casa de Víctor. Interior. Día

Entran en la casa prefabricada, está mucho más limpia que dos días antes y casi totalmente vacía. Sólo queda un sillón desvencijado, limpio y azul. Algunas cosas cuelgan de clavos (una bolsa de plástico con comida). El sistema es simple y eficaz. Tres gruesos clavos hundidos en la pared funcionan como el más sólido perchero. Alguna caja de plástico (color chillón), de las que se usan para transportar fruta, cuelga de la pared en forma de estantería para los libros de la UNED (Universidad a Distancia) y su Biblia de pastas rojas.
Clara intenta disimular la impresión que le provoca tanta miseria, pero no lo consigue. Víctor ni siquiera dispone de una cama, lo descubre mirando a través de la puerta de la habitación, abierta. Dos viejas mantas

marrones, de origen militar, adquiridas en el Rastro, extendidas sobre el suelo, son su único lecho. A través de los ojos de ella, Víctor descubre la pobreza en la que vive, y se siente avergonzado. Esa vergüenza se interpone entre los dos como un muro, provocándoles una gran inseguridad, y su correspondiente desazón. Tratando de justificarse, patético:

VÍCTOR: Acabo de mudarme... aún no me han traído los muebles...

CLARA: Casi lo dejamos para otro día.

VÍCTOR: Pero tengo dinero para invitarte a lo que quieras...

Víctor se precipita, sabe que lo está haciendo fatal, se daría a sí mismo de hostias, pero es incapaz de callarse, si ha comenzado cometiendo un error tiene que rematarlo, no le gusta equivocarse a medias. Con gesto fantasmón saca el fajo de billetes y lo airea delante de la mujer.

VÍCTOR: Mira... ciento cincuenta mil pesetas...

La visión del dinero la asusta. Clara quiere largarse cuanto antes.

CLARA: Gracias, otro día me invitas...

VÍCTOR *(rebotado)*: ¡No me mires así, no lo he robado...! Es una herencia...

CLARA *(desconcertada)*: ¿Una herencia?

No entiende nada. La situación es insoportable. Clara se dirige a la puerta. Víctor la mira, furioso. En la cárcel no le han enseñado cómo tratar a las mujeres. Clara no quiere dejarle con esa sensación, pero tampoco ella es un genio de las relaciones públicas. Baja los tres escalones que dan a un pequeño patio que parece un basurero.

CLARA: Me voy...

Se vuelve y le sonríe, para disipar el mal sabor.

CLARA: Ah, me llamo Clara.

VÍCTOR: Y yo Víctor.

Clara vuelve a sonreírle. El chico no puede caerle mejor, pero ambos se han puesto demasiado nerviosos.

CLARA: Bueno, hasta otro día, Víctor.

SECUENCIA 62

*Loft de Elena y David. Cuarto de baño.
Interior. Noche*

Si no fuera por las dos agarraderas que hay en la ducha y a ambos lados de la taza del váter, no existiría diferencia alguna entre el cuarto de baño de David y el de una persona no discapacitada. Las barras son de acero inoxidable, antideslizante y rematadas en los lomos con superficies de plástico neumatizado rojo para evitar que las manos se escurran.
Ausencia total del blanco «hospitalario».
A la altura del toallero, sobre la bañera, hay también dos agarraderas. (¿Por qué tan altas, fuera del alcance de David?)
David esta sumergido dentro de la bañera, sentado, con la cabeza hundida en el agua, doblado como si estuviera haciendo abdominales. Elena le masajea la espalda. David emite gemiditos de placer que se convierten en burbujas.
Elena recuerda obsesiva el pésame en italiano de Víctor: «Ti sono molto vicino... ti sono molto vicino.» No se le va de la cabeza. El hecho de que David no pueda verla le añade al pensamiento un toque de traición.
Elena viste sólo una camiseta azul que hace juego con sus ojos.
David murmura algo, bajo el agua. Al llegar a la superficie enjabonada las palabras explotan en burbujas.

ELENA: ¿Qué dices?

David saca la cabeza del agua, el rostro rojo abotargado. El masaje en la espalda le ha excitado.

DAVID *(lascivo)*: Buen rollo...

Atrae hacia sí a Elena, casi se cae al agua. Le come la boca.

DAVID: Mejor rollo todavía...

De mutuo acuerdo, sin previa sugerencia, Elena se encarama sobre los bordes de la bañera. Se coge a las agarraderas que hay en la parte superior (ésa es su función), y sitúa las piernas a ambos lados de la cabeza de David.
David atrae el culo hacia sí y sumerge su cabeza entre los muslos de Elena. No se ve, pero evidentemente le está comiendo el coño. Elena deja caer la cabeza hacia atrás, en actitud de éxtasis, gimiendo de placer. Con la voz entrecortada (de nuevo piensa en Víctor, en sus labios desmesuradamente carnosos, susurrándole al oído ti sono molto vicino):

ELENA: He visto a Víctor Plaza en el entierro.

Las manos de David, hundidas en los glúteos de Elena, se quedan quietas, tan inmóviles como su lengua. Abandona la dulce tarea a la que se había entregado momentos antes.

DAVID: ¿Víctor? ¿Estás segura?

ELENA: Sí...

Una vez roto el clima, Elena desciende y se coloca dentro de la bañera, sin importarle mojarse toda. Se acomoda en el extremo opuesto al de David.

DAVID: Yo no lo he visto.

ELENA: Tú estabas de espaldas. Fue al final, cuando ibas hacia el coche con Sancho.

DAVID *(furioso)*: ¡Hijo de la gran puta...! ¿Te dijo algo?

ELENA: Me dio el pésame.

David no entiende cómo Elena puede contarle aquello tan tranquila, como sin darle importancia.

DAVID: ¡Ese tío es un sicópata...! ¿Cómo se enteraría del entierro?

ELENA: No lo sé...

David empieza a hacer cábalas, recuerda que Víctor conocía la dirección del padre de Elena, Eduardo Dato, 18. Está cada vez más preocupado.

DAVID: A lo mejor te siguió... *(decidido)* Hay que denunciarle a la policía...

Elena acaricia con sus pies los pechos de David. Es algo espontáneo, independiente a la conversación. También ella está preocupada.

ELENA *(ruega)*: David, por favor. No hagas nada.

David coge uno de los pies de Elena, y acaricia inconscientemente el empeine. Se diría que el contacto le ayuda a reflexionar.

DAVID *(rotundo)*: ¡No voy a dejar que ese loco ande por ahí, siguiéndote!

ELENA: Pero no podemos denunciarle por darme el pésame en un lugar público.

SECUENCIA 63

*Fachada de la Casa de Acogida.
En la calle. Exterior. Día*

Frente a una verja, Víctor mira la tarjeta que encontró en el ramo de flores (en la tumba del padre de Elena). El mismo dibujo infantil y el nombre del lugar, «El Fontanar», Casa de Acogida infantil, se halla ampliado en un cartel de casi dos metros, pegado a la verja. Víctor atraviesa la verja con actitud merodeadora y mirada torva.
Hay un pequeño jardín, seco por las inclemencias del invierno.
Se acerca sigiloso a una de las ventanas que da a un pasillo lleno de enormes dibujos infantiles, realizados sobre papeles de colores recortados.

SECUENCIA 64

Casa de Acogida. Interior. Día

A. A través de una puerta abierta, que da al pasillo (en el cuarto ropero), Clementina ordena distintas prendas de ropa sobre unas estanterías. Camisetas, pantaloncitos. Habla sola. Desde fuera Víctor casi no entiende lo que dice. Ella no puede verle, no se sabe espiada.

CLEMENTINA: Desde luego, la gente cree que la caridad es dar lo peor que cada una tiene en su casa... *(coloca ropa usada, donada por asociaciones de vecinos. Obviamente el material no está en muy buenas condiciones).* Mucha camiseta percudía, mucha camiseta percudía, pero ¿dónde están los anorales? *(se refiere a los anoraks...)* Le voy a tener que dar otro sablazo a Elena...

(El invierno está siendo muy crudo y no tienen suficientes anoraks para los niños, y por si fuera poco la caldera del agua caliente se estropea continuamente.)

B. Víctor se asoma a otra ventana. Da a un salón de grandes proporciones. Las paredes parecen diseñadas por David Hockney.
Hay unos nueve críos, distribuidos en mesas hexagonales, de color pastel, bajitas (de sus proporciones). En cada mesa hay un educador, tratan-

do de dar de merendar a los niños (Lola y Josep).
Los niños juegan y comen y se provocan entre
ellos.
A Víctor se le cae la baba viéndolos. Una cría rubia, Pilarín, de unos seis años (el resto debe tener de cuatro a ocho), con trencitas y una mirada que parece sacada de las páginas de una novela de Stephen King, descubre a Víctor mirando desde fuera.
Víctor le sonríe seductor y se lleva un dedo a los labios formando una cruz en demanda de silencio.
La niña corresponde con la misma señal, llevándose ella también el dedito a los labios.
Justo detrás de la niña aparece Elena. Víctor se queda boquiabierto. La impresión le deja sin respiración.
Elena se acerca a una niña muy triste para alegrarla y ayudarle a tomar un *petit suisse*. La luz del atardecer entra por la ventana con el único fin de dorar el rostro de la mujer. A Víctor le duele tanta belleza. Pero encuentra a la nueva Elena más lejana que la otra. Su aparición posee algo de la magia humillante de Kim Novak en *Vértigo*, (aquella mítica materialización, de perfil en el restaurante, con un traje verde, frente a los ojos estupefactos y doloridos de James Stewart).
Elena consigue que la niña triste engulla su *petit suisse*, ella misma se lo da con una cuchara. Víctor encuentra la escena tan bonita que se esconde para no seguir viéndola. Si sus planes eran entrar en la casa, desiste; por el momento, no se atreve.

SECUENCIA 65

Alrededores casa Víctor. La Ventilla. Exterior. Día

Sobre la silla de ruedas, David baja por un terraplén en dirección a la casa de Víctor. Charcos, socavones, montículos de cenizas, piedras, un zapato viejo extraviado, un ladrillo solitario y algunas mierdas de hombres y perros alfombran el camino. David sortea con su silla todos los obstáculos, eso le obliga a ir muy despacio, pero hay que reconocer que el expolicía maneja la silla con extraordinaria habilidad.

SECUENCIA 65A

Casa de Víctor. La Ventilla. Interior. Día

Las ventanas, semicubiertas por viejas persianas enrolladas dejan ver las colosales torres gemelas de KIO, amenazando con caerse sobre la casita prefabricada.
Víctor viste un pantalón de deporte y una camiseta de tirantes que ponen de manifiesto su excelente forma física. La casa no ha prosperado gran cosa. Algún mueble complementario, compuesto a base

de materiales de desecho, puro arte póvera. El gran lujo es un televisor alquilado, en cuya pantalla puede verse el encuentro del Atlético de Madrid contra el Barcelona.

Víctor hace flexiones sobre el suelo, una costumbre carcelaria que no quiere abandonar. El pecho y los genitales rozan una y otra vez el suelo para subir impulsados por unos bíceps pletóricos. En uno de esos instantes en que el torso está separado del suelo, con los brazos totalmente extendidos, en el espacio entre el torso y el suelo vemos abrirse la puerta de la casa. Entra primero una silla de ruedas. David ha debido reptar los tres escalones de acceso al interior de la casa. Hace su aparición sentado en el suelo. Apoya la mano sobre el asiento de la silla, toma impulso y con una rapidez increíble se sienta sobre ella.

Víctor interrumpe sus ejercicios para mirar la espectacular entrada… En el televisor continúa la emisión del partido At. Madrid-Barcelona.

Todo es masculinidad en esta escena, genitalidad pura. Los dos hombres, sus bíceps superdesarrollados, el partido de fútbol. Su desafío constante.

Víctor se pone de pie y cruza los brazos expectante y orgulloso, exhibiendo el perfecto funcionamiento de toda su maquinaria orgánica. La diferencia de altura con el deportista sentado le hace parecer (al menos así se siente él) un coloso.

VÍCTOR: ¿No sabes que a esto se le llama allanamiento de morada?

David está exhausto y desencajado por el esfuerzo. Pero su voz no lo demuestra.

DAVID: Me toca los cojones…

Pura genitalidad. David se acerca a Víctor en la silla, y frena a pocos centímetros de él. Maneja la silla como si fuera un caballo.

DAVID: ¿Qué coño hacías el otro día en el cementerio espiando a mi mujer?

Víctor está tan furioso como David, pero intenta controlarse.
Intuye que eso es parte importante del reto. Demostrar que sus emociones son las de un hombre, no las de un chinorri que se rebota ante el primer contratiempo.

VÍCTOR: ¡Yo no espiaba a nadie! Mi madre murió mientras yo estaba dentro. ¡Me encontré con vuestro puto entierro por casualidad!

Víctor y David se miden con la mirada. Con tal de no mirar para arriba, David mira hacia cualquier lado, evitando la cara de Víctor. Están muy próximos y con muchas ganas de pelea.

DAVID: ¡Tú siempre estás donde no debes por casualidad!

VÍCTOR: Eso es verdad. No tengo tanta suerte como tú. Hasta en los peores momentos sales ganando.

DAVID: ¡Como vuelvas a acercarte a mi mujer te parto la cabeza!

Lo dice en un murmullo, para demostrar que no es un arrebato, sino el fruto de horas de fría meditación.

VÍCTOR *(despectivo)*: ¿Tú? ¿Cómo?

David le sacude un buen puñetazo en los huevos. Víctor da un grito y se dobla de dolor. ¡En el televisor Caminero le hace a Nadal un quiebro de antología, pasa el balón al centro del área y Penev remata consiguiendo el gol! ¡Gol!, grita el locutor. David y Víctor, ambos fanáticos del Atleti, contemplan hipnotizados la repetición de la jugada. David, sentado sobre su silla de ruedas y Víctor doblado, arrodillado en el suelo, con las manos en los cojones, y en la cara un gesto imposible de dolor y entusiasmo.
El público y el locutor braman, David y Víctor no son menos:

DAVID: ¡Qué golazo...! Mira, mira... ¡Cómo le rompe la cintura!

VÍCTOR: ¡Es la hostia, el Caminero, tío! ¡Ole tus huevos, Caminero!

De pronto sus miradas se encuentran. No pueden evitar sentirse un poco ridículos. La proeza de Caminero ha disipado toda la violencia de la situación, pero ninguno de los dos quiere olvidar los motivos de su enfrentamiento.
David se desliza hasta la puerta. Vuelve a mostrarse grave.
Quiere dejar constancia de que aquel gol no ha cambiado las razones de su visita:

DAVID: Bueno, Víctor. ¡Ya te he avisado!

Víctor le mira un momento. Se tira al suelo y continúa haciendo flexiones, frenética, ostentosamente, con un brazo solo, dando palmadas y dejando el cuerpo flotando en el aire un breve instante... Desafía sin disimulo al parapléjico, haciendo gala de una crueldad bastante infantil. David entra al trapo y reacciona del mismo modo. Le hace un gesto con la cabeza, tipo «¿a ver si tú eres capaz de hacer esto?». Coloca la silla de espaldas a la puerta. Empuja para atrás y apoyándose en la pequeña barandilla que hay sobre los tres escalones los baja en volandas y llega al suelo del patio sin caerse.
Cada uno ha conseguido impresionar al otro y a la vez sentirse como un perfecto imbécil. Cosas de hombres.

SECUENCIAS 66 Y 67

Aparcamiento, junto a las torres.
Lo que David ve.
Exterior. Tarde

A pocos metros de la casa prefabricada, sobre un muro grafitero se extiende una explanada que sirve de aparcamiento. En el extremo más cercano a un camino de piedras (el terraplén por donde bajó) está aparcado el coche de David.
David supera con heroico esfuerzo la cuesta que le separa del vehículo. Muy cerca, una de las Torres KIO se levanta infinita.
David abre la puerta del coche, sitúa la silla junto al asiento del conductor y traslada sus posaderas dejando las piernas atrás.
Con la parte superior del cuerpo dentro del coche, coge primero una pierna y después otra, como si no fueran suyas (suyo sólo es el peso muerto de las mismas) y las introduce en el vehículo. El volante está adaptado a su condición de disminuido (doble volante para que sólo utilice las manos, etc.).
La silla de ruedas continúa fuera, junto al coche. La desarma rápidamente y coloca sus diferentes partes en el asiento del copiloto. El expolicía demuestra cómo ser independiente en sus circunstancias, y lo hace con increíble destreza.
Una vez instalado, echa una última mirada a la casa del responsable de tal derroche de disciplina

y habilidad. Hay una mujer en la puerta de la casa prefabricada, de espaldas, llamando a Víctor. Víctor sale y la saluda alegre y sorprendido. David permanece dentro del coche intrigado. Está demasiado lejos para enterarse de lo que dicen. La mujer le hace un gesto a Víctor para que la siga. Se vuelve, David puede verle la cara de perfil. ¡No es posible! El expolicía se pone unas gafas para asegurarse, pero no hay duda. ¡Aquella mujer es Clara!, ¡la mujer de Sancho!
Víctor la sigue hasta un coche, aparcado en el terraplén. Entre los dos extraen del maletero un futón, lo agarran cada uno de un extremo y entran en la casa. David suda de la impresión. La sorpresa le ha dejado agotado.

SECUENCIA 68

Casa Víctor. Interior. Tarde

Aunque en esta ocasión la situación pueda parecer forzada (una mujer a la que casi no conoces viene a tu casa y te regala un futón) a ninguno de los dos le resulta incómoda, al contrario.
Víctor y Clara celebran espontáneamente el reencuentro.
Transportan el futón a la habitación de Víctor y lo dejan caer al suelo, sobre las mantas donde él suele dormir.

Los pocos muebles son creación de Víctor. Ha tomado como base las cajas de plástico de frutas, de diferentes tamaños y colores. Le hacen de mesita de noche. Colgadas en las paredes, funcionan como estanterías. Unas sobre otras, en el suelo, son una cómoda. Con las cajas de plástico y los clavos ha solucionado casi todo el mobiliario básico.
Clara le explica qué se puede hacer con un futón, Víctor no había visto antes ninguno.

CLARA: Si lo pones así *(lo dobla por un lado, dejando el otro como respaldo, contra la pared)* funciona como sofá. Si lo despliegas del todo es una cama... Así podrás dormir como Dios manda...

Lo coloca en plan sofá, ella se sienta en un extremo y Víctor en el otro. Enciende una lámpara también de fabricación propia y le entrega a Clara su Biblia de pastas rojas.
Clara coge la Biblia sin desconcertarse, pero sin saber exactamente qué espera Víctor que haga con ella.

CLARA: ¡Una Biblia!

VÍCTOR: Sí, es mi Biblia...

Entre las páginas de la Biblia Víctor guarda las pocas joyas de su existencia. Extrae un sobre del libro y se lo entrega.
Clara abre el sobre. En su interior hay tres folios.

víctor: Léelo…

clara *(lee, no sin dificultad)*: Amigdaleztomizado en la infancia… no hábitos tóxicos…

Víctor confirma con un movimiento de la cabeza.

víctor: No, ninguno…

Los tres folios contienen unos análisis exhaustivos, de sangre y orina, que le hicieron en la cárcel. Clara lee por encima…

clara: Hemoglobina… hematocritos… hierro… colesterol…

Víctor le indica con el dedo lo que a él le interesa que lea.

clara: Anti VIH negativo.

víctor: ¿Lo ves…? Estoy sanísimo…

clara *(le da un cachete en un brazo)*: No lo dudo.

víctor: Es que… no te lo había dicho antes, pero acabo de salir de la cárcel…

Clara le sonríe emocionada. Le gusta que le haya confiado lo de la cárcel. Por otra parte la puesta en escena no ha podido ser más graciosa.
Víctor se quita la camiseta de tirantes. Clara le mira el torso desnudo y blanco, esculpido por el

ejercicio obsesivo pero que aún conserva cierta blandura adolescente, como el propio Víctor. Un niño curtido en la cárcel, pero que sigue siendo un niño.

VÍCTOR: Drsimon aten goliant cur...

CLARA: ¿Eso qué quiere decir?

VÍCTOR: Es búlgaro... quiere decir que... si quieres extendemos el futón.

SECUENCIA 69

Explanada aparcamiento. Barrio La Ventilla. Exterior. Día

David continúa dentro del coche, en el aparcamiento al aire libre, bajo las imponentes Torres Gemelas. Mira obsesivamente hacia las ventanas de la casa de Víctor.
La persiana que separa el salón del exterior, cae como una guillotina. Antes ha podido ver a Víctor, en calzoncillos (apuntando una evidente erección) acercándose a la ventana para bajar la persiana.
Por corte.

SECUENCIA 70

Casa Víctor. Interior. Tarde

Víctor está tumbado en la cama, a los pies de Clara, ambos desnudos.
Clara tiene las piernas dobladas por la rodilla y separadas.
Víctor, a sus pies, con la cabeza entre las piernas de ella contempla el sexo de la mujer, extasiado.
Después de un rato.

CLARA: Deja ya de mirar...

VÍCTOR: No había visto nada igual...

Rigurosamente cierto.
Clara sonríe.

CLARA: Yo tampoco..., anda, ven...

Elipsis
Después de dos embestidas Víctor se desploma sobre la mujer, eyaculado.

VÍCTOR: ¿Qué tal?

CLARA: Ni me he enterado.

VÍCTOR: Es que... No tengo mucha experiencia.

CLARA: Ya...

VÍCTOR *(decidido)*: ¿Por qué no me enseñas?

Clara sonríe, cuando lo hace parece una cría.

CLARA: Eso no se enseña.

VÍCTOR *(apasionado)*: Todo se puede enseñar. Y yo, si le pongo punto aprendo rápido… ¡Quiero llegar a ser el mejor follador del mundo! *(susurra meloso)* Dime qué te gusta hacer, las cosas que sueñas cuando te masturbas. ¡Enséñame, tengo todo el tiempo para aprender!

Cómo es posible que aquella sarta de disparates suenen tan auténticos, se pregunta Clara. Víctor habla totalmente en serio. Además de enternecerla le hace mucha gracia. Clara imparte su primera lección.

CLARA: Víctor, me has tratado como el culo de una gallina.

VÍCTOR *(desolado)*: Hostias, tía. ¡Qué palo!

El pobrecillo lo siente de veras.

CLARA: En primer lugar, no te lances al coño tan pronto…

Víctor la escucha con mucha atención, toma mentalmente nota de todo lo que le dice, asiente con la cabeza «no me lanzo».

CLARA: … ni para comer ni para meterla… *(Víctor repite en un susurro: ni para comerlo ni para meterla)* Antes tienes que prepararlo… Él ya te dirá cuándo está listo…

VÍCTOR *(pensativo)*: Y «él» ¿cómo me lo dice?

CLARA: ¡Tú ya lo notarás, hombre!

VÍCTOR *(inseguro)*: A ver si es verdad.

CLARA *(condescendiente)*: La primera lección ya la has aprendido. Hacer el amor es cosa de dos.

VÍCTOR: ¡Guay…! ¡Dime cuál es la segunda!

CLARA: ¡La segunda es que te calles!

Clara coge su cabeza y la atrae hacia sí. Le besa quedamente y le abraza con tal fuerza que parece que se va a incrustar en el cuerpo de Víctor.

SECUENCIA 71

Cancha. Entrenamiento. Interior. Noche

A. TRES CONTRA TRES. Un jugador del equipo de David mete una canasta. David libera toda su agresividad en la cancha, haciendo un juego muy sucio y muy agresivo con sus compañeros. Breve escena de bronca con el entrenador o con un jugador al cual le ha entrado con mal estilo (los dos van a coger un balón y David casi le da un empujón). David está muy susceptible.

B. RUEDA DE TIROS. A sendos lados de la canasta, cada uno con un balón, los jugadores tiran. El ejercicio parece una estudiada coreografía, a base de balones rebotando y jugadores en continuo movimiento, que se entrecruzan.
Montarlo de modo frenético, con abundancia de planos, que expliquen no sólo el entrenamiento sino pequeños detalles de los deportistas, cómo se atan los pies a la base de la silla, por ejemplo, cómo calientan y estiran los músculos, etc.
Demostrar que, lejos de resultar patético, la silla le añade al baloncesto de a pie una velocidad que lo hace más espectacular y más vibrante.
Montar la secuencia como esos atractivos clips deportivos que emite Canal +.
Esencial la música que acompañe las imágenes.

SECUENCIA 72

*Casa de Acogida infantil. Exterior.
Día*

Primera hora de la tarde.
Plano exterior del edificio, Elena aparca su coche y entra en el edificio.

SECUENCIA 73

Casa de Acogida. Interior. Día

El despacho más próximo al vestíbulo es el de Clementina, la chica que en «El Fontanar» se ocupa del personal y de la parte administrativa (la vimos en la sec. 64 colocando las prendas de los niños en el cuarto ropero). Cuando oye la puerta sale de su despacho al encuentro de Elena, con ganas de rajar.
Elena viene agobiada, ha pasado toda la mañana resolviendo algún problema de tipo burocrático...

ELENA: ¿Qué tal la mañana, Clemen...?

Clementina es una andaluza simpática, de cara redonda y ojos muy vivos que mueve casi tanto como mueve las manos. Siempre se la ve con un jersey de lana gorda y falda larga. Un poco posthippy. Pero derrocha encanto. Cuando abre los brazos para recoger a los niños es un espectáculo digno de ver. Reparte cariño a espuertas, pero evidentemente necesita un hombre. Lleva gafitas.

CLEMEN: Un follón, chica... he mandado a Josep a su casa porque nos va a contagiar la gripe a todos...

ELENA *(preocupada)*: ¿Y los niños?

CLEMEN: Los niños están en buenas manos... Ha venido un voluntario...

Caminan por el pasillo, en dirección al despacho de Elena.

ELENA: ¿Ah, sí? ¿Quién es? ¿Tiene referencias?

CLEMEN: De momento sabe mucho de calderas...

Clemen no puede disimular su entusiasmo por el recién llegado.

ELENA *(feliz)*: ¿No me digas que nos ha arreglado la nuestra?

CLEMEN: ¡Digo!

ELENA: ¡Qué bien...! ¿De dónde viene? ¿Quién es?

CLEMEN: Es donante de sangre... y ha estudiado pedagogía... Me ha prometido quedarse el curso entero... No sé, chica, a mí me ha dao buen rollito...

ELENA: Ya lo veo... *(le sonríe cómplice)*

CLEMEN *(trata de justificar su alegría)*: El pobre me ha visto tan agobiá que se ha ofrecido a echarme una mano con los niños... Espero que no te importe, se lo están pasando pipa..., están flipando con él...

Llegan a un segundo distribuidor, cuadrado, con pósters y dibujos de los niños. Una de las puertas da al despacho de Elena, y la otra al salón de juegos. Las dos mujeres se acercan a esta última. Elena está deseando conocer al nuevo voluntario.

SECUENCIA 74

Salón de juegos. Interior. Día

Clementina abre la puerta del salón de juegos, un espacio rectangular y amplio con las paredes llenas de árboles pintados sobre papel. Hay tantos que parece un bosque. El suelo está lleno de juguetes desparramados sobre unos metros de césped artificial.
Exceptuando un niño sicótico que dibuja solo en una mesa, a su bola, el resto de los niños están encima, alrededor, enganchados a una pierna, colgados del cuello, o de los brazos de un tipo tan fuerte que puede jugar con todos a la vez.
Elena y Clementina admiran el espectáculo, chochis las dos.
De complexión atlética, el chico lleva el rostro cubierto por una máscara de plástico que representa la cabeza de un lobo y les está haciendo a los críos una demostración del juego de los sirleros callejeros. Un paño verde casual le sirve de tapete, tres medias cáscaras de nueces le ayudan a completar el

juego (consiste en hacer desaparecer una bolita bajo las cáscaras sin que los niños descubran dónde está). El enmascarado demuestra verdaderas dotes, los niños gritan locos de excitación.
Pilarín, la misteriosa niña rubia sacada de un libro de Stephen King, ha entrado en posesión de una de sus piernas, a la que no está dispuesta a renunciar.

SECUENCIA 75

*Salón de juegos. Casa de Acogida.
Interior. Día*

Desde la puerta las dos mujeres miran extasiadas al recién llegado, convertido en un frondoso y descomunal árbol de niños.
(Para ambas representa el hombre ideal, el padre-niño.)

CLEMENTINA *(le llama)*: ¡Lobo…! ¡Ven pacá!

El chico se vuelve y se dirige hacia las dos mujeres arrastrando con él una estela de criaturas. A mitad de camino se desprende de la máscara de plástico. No es otro que Víctor, sonriente y seguro.
Elena se queda de piedra.

CLEMENTINA: Víctor, ésta es Elena, la que corta el bacalao… *(trata de quitarle de encima a*

*tres niños que siguen prendidos a él. Abre
los brazos como una gallina con sus polluelos)* ¡Pilarín, suelta la pierna! ¡Hay que ver
qué fijación tiene esta niña con las piernas!

Víctor saluda a Elena mientras Clementina se lleva a los niños al fondo del salón.
Elena cierra la puerta tras de sí. Se quedan los dos solos en el distribuidor.

SECUENCIA 76

Distribuidor. Casa Acogida. Interior. Día

Elena se muestra durísima con Víctor; el chico sin embargo no pierde su aplomo. No va a ser fácil reducirle. Elena es muy directa. Y está indignada.

ELENA: ¿Qué pretendes, Víctor?

VÍCTOR *(echándole morro)*: ¿Yo? Ayudar...

ELENA: ¿Cómo? ¿Persiguiéndome como un sicópata?

Elena da unos pasos en dirección al pasillo, tratando de tirar de él y de alejarle del salón para que nadie pueda oírlos, pero Víctor no se deja arrastrar; simplemente la sigue con la mirada, pero sin desplazarse, como para demostrar lo que va a decir después:

VÍCTOR *(indignado)*: Yo no te persigo.

ELENA: Desde que has salido de la cárcel te veo por todos lados...

VÍCTOR: Lo siento, pero vivimos en la misma ciudad.

Elena se contiene, intuye que discutiendo no conseguirá nada, se obliga a adoptar una especie de amabilidad meramente formal. Esa falsa amabilidad que ciertas personas adoptan antes de dar una negativa.

ELENA: Víctor, no creo que puedas quedarte...

VÍCTOR *(protesta)*: ¿Y eso por qué? Clemen me ha dicho que con presentar mi diploma de pedagogía y el carnet de Cruz Roja bastaría.

ELENA: ¿Cuándo has estudiado tú pedagogía?

VÍCTOR: En la cárcel, por la Universidad a Distancia...

Víctor se está poniendo fatal.

ELENA: ¿Le has dicho a Clemen, por ejemplo, que has estado en la cárcel?

VÍCTOR: ... Pero, ¿qué me estás contando, tía? ¿Que no voy a poder quedarme por haber estado en la cárcel por tu culpa...?

Acaba de pronunciar la palabra clave. Ante esa palabra Elena sólo sabe agachar la cabeza. Pierde toda su agresividad.

VÍCTOR: ¿Esto es una ONG o un ministerio?

ELENA *(débil)*: ¡Esto es una casa que acoge a doce niños que ya han sufrido bastante...! No quiero *(lo dice como un ruego)* que nuestros problemas les salpiquen a ellos...

VÍCTOR *(cita sereno y triste)*: ¡Maldito serás en la ciudad, y maldito en el campo! Maldita serán tu cesta y tu artesa. Maldito será el fruto de tus entrañas y el fruto de tus suelos, el parto de tus vacas y tus ovejas. ¡Maldito serás cuando entres y maldito cuando salgas!

Elena le mira anonadada, desconcertada, débil, injusta. Huye en dirección a su despacho.

VÍCTOR: *Deuteronomio*, capítulo 28. Seguro que Moisés cuando lo escribió se refería a mí...

SECUENCIA 77

Casa de Víctor. Habitación. Interior. Día

La habitación ha prosperado. Unas cortinas de colores impresionistas cubren las ventanas, en el suelo hay una alfombra barata pero resultona, y una mesita de noche ha sustituido a las cajas de plástico, junto al futón-cama. Sobre la mesita hay una caja de artesanía mejicana, cuyo interior guarda como un sagrario un enorme corazón confeccionado a base de distintos abalorios.
También es regalo de Clara.
En calzoncillos, Víctor se acerca a la ventana para cerrarla.
Clara le ataca por detrás, casi no le deja correr las cortinas...
Delante de la casa hay un descampado, lleno de hierbajos y basura que han crecido sobre los cimientos de las viviendas destruidas.
Vemos a la pareja desde fuera. La imagen de los dos se congela.
Clara está medio tapada por el cuerpo de Víctor.
La imagen vuelve a ponerse en movimiento...

VÍCTOR: Lección número once. ¿Qué toca hoy?

CLARA: Lo que tú quieras...

Les vemos de frente, con un objetivo que indique distancia. La imagen vuelve a congelarse. Oímos el clic de un disparo fotográfico. Alguien está haciendo fotos.

SECUENCIA 78

En la habitación de Víctor. Interior. Día

Víctor cierra las persianas. Clara, semivestida, continúa pegada a él como una lapa. Caminan hacia la cama como un solo cuerpo.
Caen sobre el futón.

CLARA *(apasionada)*: Lección número Once. Hazme lo que quieras. Una mujer enamorada sólo encuentra placer cuando ve gozar al hombre que ama...

VÍCTOR: Clara, ten cuidado. No te enamores de mí...

CLARA: Debiste avisarme antes...

SECUENCIA 79

Descampado en La Ventilla. Exterior. Día

Alrededores de la casa de Víctor.
David se oculta dentro de su coche, con una cámara entre las manos. Dispara varias veces. A pesar de estar frente a la ventana posterior de la casita prefabricada, la pareja espiada no puede verle.

SECUENCIA 80

Descansillo casa Clara. Interior. Día

Clara se limpia el barro de los zapatos en el felpudo que hay junto a su puerta: barro de La Ventilla. Irónicamente, el felpudo tiene escrita la palabra «Bienvenido», sus letras ocupan toda la superficie.

SECUENCIA 81

*Casa de Sancho y Clara. La hora de comer.
Interior. Día*

Sancho, más viejo, más gordo y más machacado, prepara la comida en la amplia cocina de su casa. Tanto él como Clara deben ser buenos cocineros. La cocina se la ve vivida y plena de atmósfera.
Sancho prepara un plato especial, que sólo cocina en ocasiones especiales. El hecho de cocinar no le impide tomarse una copita.
Oye el ruido de la puerta y unos pasos. Su mujer no tarda en aparecer en la cocina. La última persona que esperaba encontrar era a su marido. (Describir la estética de la casa, una síntesis de vigas de madera, muebles sevillanos, pintados, platos de cerámica adornando las paredes, Frida Kalho y Lorca.)

CLARA *(asustada)*: ¿Qué haces aquí?

SANCHO *(intenta bromear)*: Vivo aquí, me casé con usted mucho antes de que tuviera el Mal de Alzheimer… ¿De dónde vienes?

CLARA: He estado toda la mañana dando clases…

SANCHO *(inquisitivo, sin querer)*: ¿Clase de qué, de baile?

CLARA: Claro, ¿de qué va a ser…? Y tú ¿qué haces, rabo?

SANCHO: Sí… rabo de toro al brandy…

Aprovecha para añadirle un chorreoncito.

CLARA: ¿Y eso? ¿Celebramos algo?

SANCHO: Nuestro decimosegundo aniversario. Por eso me he tomado la tarde libre…

Sancho no quiere parecer decepcionado, pero lo está.

CLARA: Lo siento, Sancho. Me había olvidado.

SANCHO: Ya lo veo. Anda, espérame en el salón, yo me encargo de todo.

Clara sale de la cocina, taciturna.

SECUENCIA 82

Salón Sancho y Clara. Interior. Día

Clara permanece tumbada en el sofá del salón, exhausta frente al televisor. En las paredes hay fotos en blanco y negro de algunas de sus actuaciones o alternando en fiestas con importantes figuras del flamenco. Sobresale un gran cuadro de Antonio de Felipe, el rostro de Clara sin una sola sombra, la frente y las sienes adornadas de caracolillos impecables y flores a un lado de la cara. Bellísima.
Ilusionado y sonriente, Sancho lleva dos copas en la mano, le ofrece una a su mujer.
Clara coge la copa sin cambiar de postura, abandonada en el sofá, con las piernas separadas. Da un sorbo.

SANCHO: Te tumbas como un tío para ver la televisión...

CLARA: No sabía que tumbarse en el sofá fuera cosa de hombres...

SANCHO: Pues lo es...

CLARA: Estoy cansada...

SANCHO *(con intención)*: No me extraña, ¡con el tute que te pegas bailando! Si lo dejaste hace siete años..., ¿por qué das clases ahora?

CLARA: A lo mejor vuelvo a bailar... Necesito estar ocupada.

Sancho se sienta, abandona su tono irónico.

SANCHO: Ocúpate de mí... ¡De nosotros!

CLARA *(bebe un trago de vino)*: Sancho, ¿por qué no nos separamos?

Aquello es un golpe bajo, un jarrón Ming de agua fría. A Sancho le cambia la cara, frunce los labios, taladra a su mujer con una mirada herida y callada.

CLARA: ¿Eh? *(repite)* ¿Por qué no nos separamos?

Sancho le sacude una hostia, limpia, seca y sonora. Clara cae sobre el sofá, una mata de pelo le cubre la cara.

SANCHO *(sentencia)*: Mientras yo te siga queriendo, ¡tú no te separas de mí!

CLARA *(amenaza)*: Un día te voy a perder el miedo, y presiento que ese día no va a tardar en llegar.

Sancho da por terminada la pelea. Recupera la calma, como si nada hubiera ocurrido. Cariñoso:

SANCHO: Voy a la cocina. Eso ya debe estar listo...

Se levanta. Es su modo de pedir perdón. Clara le sentencia con un dedo:

CLARA: ¡No vuelvas a pegarme nunca más!

SANCHO *(sincero)*: ¡Me duele a mí más que a ti!

CLARA: Razón de más.

Sancho insiste en actuar como si nada hubiera ocurrido.

SANCHO: Perdóname… Voy a poner la mesa.

Un silencio denso y oscuro invade la estancia, como un gas tóxico. Un silencio marital.
Se empieza a oír el rasgueo de una guitarra. Duquende aborda con originalidad una cursi canción de despedida. «Devuélveme el rosario de mi madre.» En su voz, la canción adquiere un dramatismo tan lógico como imprevisto, si uno toma como referencia la versión de la Pradera.
El mismo tema acompaña las secuencias siguientes.

SECUENCIA 83

Barrio de La Ventilla. Exterior. Día

Víctor sale de su casa. Le vemos por ojos de David, en plan paparazzi, colocado estratégicamente en el

aparcamiento al aire libre, bajo las Torres, cámara fotográfica en mano, a ver qué es lo que cae.
Una familia de gitanos rumanos hacen lumbre y se ocupa de sus churumbeles, instalados entre ruinas y desperdicios. De los dos extremos del terraplén por donde Víctor puede salir del barrio escoge el de arriba, el que empieza en el aparcamiento al aire libre donde está el coche de David.
David pone el coche en marcha antes de que Víctor le pille in fraganti.
Por corte.

SECUENCIA 84

Plaza de Castilla. Exterior. Día

David entra en su coche en la Plaza de Castilla. Se detiene frente a un semáforo, bajo las dos torres inclinadas. Es la primera vez que las torres se ven desde esta perspectiva. En la parte central de la Castellana se extiende el caos de una múltiple parada de autobuses con sus respectivos andenes. Víctor aparece caminando por uno de ellos, mochila al hombro. David se sorprende al verle, no le estaba buscando. Cada uno ha accedido a la plaza por sitios distintos.
Víctor sube a uno de los autobuses. En ningún momento llega a ver a David.
El autobús se pone en movimiento. David se deja

llevar por la curiosidad (o por el destino) y decide seguirle.
Elipsis.

SECUENCIA 85

Calle Casa de Acogida. Exterior. Día

Víctor baja del autobús. Camina unos pasos por la acera. David lo ve desde su coche, francamente intrigado. Víctor se ha bajado en una parada justo al lado de la puerta de la Casa de Acogida.
David piensa que no puede tratarse de otra casualidad.
Víctor se dirige a la puerta y entra en «El Fontanar». Por su actitud no parece que sea la primera vez que lo hace. Se le ve familiarizado.
David está consternado. ¡No puede ser! Le falta tiempo para aparcar.

SECUENCIA 86

Casa de Acogida. Interior. Día

A. Vestíbulo.
Clementina discute en el vestíbulo con la Proveedora de la carne, que se ha desplazado (abandonan-

do su puesto en el mercado) para reclamar el pago de lo que le deben. Clementina aduce los retrasos de la Comunidad cuya subvención además de escasa no llega nunca. «La italiana está forrá, que se estire», sugiere la Proveedora.
En ese momento pasa Josep con dos críos. Los lleva al dentista.
Josep es uno de los educadores.

CLEMENTINA *(a Josep)*: Si te dice algo de la factura *(el dentista)* tú no sabes ná, que me llame a mí… *(a la proveedora)* Cuatrocientas mil pesetas cada ortodoncia…

David se cruza con Josep en la puerta del vestíbulo. Su presencia supone un pretexto para zanjar la discusión con la Proveedora.

CLEMENTINA: Hombre, David, ¡qué sorpresa!

DAVID *(con cara de pocos amigos)*: ¿Está mi mujer?

CLEMENTINA: Sí, ¿te la busco?

DAVID: No, ya voy yo. Gracias.

Clementina consigue que la Proveedora le dé un plazo de dos diítas más.

B. Pasillo.
David enfila el pasillo principal lanzando miradas amenazadoras a todas las puertas que encuentra a su paso. Si están cerradas las abre de un suave em-

pujón. (Detrás de él, la cámara va sobre una silla de ruedas que evoluciona al ritmo de la silla de David.)

Llega al segundo distribuidor. Detrás de la puerta del salón de juegos se escucha cierto bullicio infantil. David llama a la puerta del despacho de Elena. Antes de recibir respuesta ya está entrando.

SECUENCIA 87

Despacho Elena. Interior. Día

Elena le firma un talón a Lola, mientras comentan problemas domésticos.
David entra pálido y agotado. Lola le saluda y se va. David se coloca al otro lado del escritorio, frente a Elena. Las paredes del despacho están pintadas de un verde oscuro que hace resaltar la piel de los personajes. El mobiliario es menos colorista que el resto de la casa. Muebles muy sencillos de madera, sin pintar, y muchos tiestos pequeños, una hilera, con tallos verdes. La repetición produce una impresión un poco neurótica.
Además de alguna foto de Elena y David, en la mesa escritorio hay facturas, y algún juguete...
Elena no esperaba la visita de su marido, le mira alterada, en cualquier caso menos alterada que él.

ELENA: ¿Qué te pasa, David? Tienes mala cara...

DAVID: He visto a Víctor entrar aquí.

El tono es de catástrofe irreversible.

ELENA: Trabaja como voluntario... *(viendo su expresión de estupor)* David, por favor, ¡no me hagas una escena!

Sobre la mesa de Elena hay dos armas de plástico, probablemente requisadas a alguno de los pequeños residentes.
David da una vuelta sobre su propio eje en señal de desconcierto.
Maneja la silla como un caballo que no pudiera permanecer quieto, hasta ese punto la silla está conectada a su sistema nervioso y a sus emociones.

DAVID: Pero ¿cómo has podido admitir a ese tío?

No es una pregunta sino un reproche.

ELENA: ¡Yo no le he admitido! ¡Un día vine y estaba aquí!

De todas las posibles respuestas ésta es la que más le alucina.
David está tan violento que no puede hablar, sólo consigue jadear un «¿Qué?»

ELENA: David, esto no es el ejército, no puedo desautorizar a Clemen y Lola sin darles una explicación... además Víctor trabaja bien...

Vuelve a dar vueltas, nervioso, con la silla de ruedas.

DAVID *(brama)*: ¡Esto es la hostia!

ELENA: ¿Qué quieres que haga?

Se oye un oportuno golpe en la puerta. Inmediatamente se abre y aparece Víctor. David sale disparado en la silla, hacia la puerta.
Elena corre también, gritando los nombres de ambos.

ELENA *(grita)*: ¡David...! ¡Víctor!

Se reúne con ellos indignada (con los dos).

ELENA *(bronca)*: Víctor, ¿no ves que estoy ocupada?

VÍCTOR *(suave)*: Perdón. *(a David)* Me gustaría hablar contigo antes de irte...

DAVID: ¡A mí también...! *(a Elena)* ¿Te importaría dejarnos solos un momento, Elena?

ELENA *(resentida)*: ¡Sí que me importa! ¡Me importa mucho!

DAVID: Tranquila, mi amor. No va a pasar nada.

Elena no disimula su profunda decepción. Ninguno de los dos la ha tenido en cuenta, sólo han pensado en su propio odio.

ELENA: ¡Éste es el último sitio donde debíais haberos encontrado!

Se va y los deja solos.

SECUENCIAS 88 Y 89

Despacho de Elena. Interior. Día

Víctor sigue a David. El expolicía muestra una movilidad frenética.

DAVID: Víctor, vamos a hablar claro. ¡Esa mujer que acaba de salir es mi mujer y estoy loco por ella…! Por defenderla sería capaz de todo, porque es lo único que tengo, ¿eh…? ¡Ah, y te advierto que como todos los «cojos» tengo muy mala hostia!

Víctor no esperaba semejante introducción. Está mucho más sereno que David, más controlado. Ha decidido atacar a base de contención.

VÍCTOR: No dudo que quieras a tu mujer, ni que tengas muy mala hostia, ¡pero yo no tengo nada que ver…!

DAVID: Hombre, ¡un poco sí...! Antes de conocerte yo miraba para arriba, las cometas, el cielo, los árboles, las cúpulas de la Gran Vía... ¡Ahora tengo que mirar el suelo, los charcos, las mierdas de perro, los bordillos, las piedras, los lapos, las potas, los paquetes de los tíos...! ¡Tú me has condenado a mirar abajo!

VÍCTOR: ¡Yo no te he condenado a nada!

DAVID *(grita)*: ¡Me toca los cojones que disparases por accidente!

VÍCTOR: ¡No fue un accidente!

David se lanza a por Víctor, le agarra violentamente por la pechera. Víctor no reacciona. Se deja agredir, ése es su modo de atacar.

DAVID *(furioso)*: ¿Qué...? ¿Reconoces que lo hiciste a propósito, cacho cabrón?

David está a punto de romperle la cara, Víctor respira agitado, pero sin mover un dedo, no está siendo fácil agredir al contrario a base de resistencia pasiva. En esa actitud hay algo de femenino que a Víctor no le gusta. Pero de momento aguanta. Cuando David adivina su táctica se aparta de él, echa la silla hacia atrás como huyendo de sí mismo, y de sus deseos de machacarlo.

VÍCTOR: ¡Yo no te disparé...! ¡Fue Sancho... me lo ha dicho Clara...!

David ignora a propósito el nombre de Clara, como si Víctor no lo hubiera pronunciado. No le conviene para la discusión.

DAVID: ¿Cómo pudo dispararme Sancho si tú tenías la pistola?

Víctor coge un arma de plástico de la mesa de Elena y se la lanza a David. David la coge al vuelo, con las dos manos, en alto.
Pierde el equilibrio y cae hacia atrás, arrastrando la silla con el peso del torso. Cualquiera se hubiera roto la crisma, pero un jugador-de-baloncesto-en-silla está habituado a las caídas. Antes de que pueda levantarse, Víctor se abalanza sobre él y le paraliza. Apoya con fuerza una rodilla sobre el brazo izquierdo mientras la otra presiona contra el cuello. David está totalmente impotente, en manos de Víctor. Las piernas se le han quedado levantadas, atadas a la silla caída. La sensación de vergüenza y de inferioridad es superior a la de pánico.

DAVID *(trata de no rogar)*: ¡Déjame! ¡Víctor!

Víctor continúa en cuclillas sobre su amplio pecho, de momento no parece dispuesto a liberarle. Pero tampoco su rostro expresa agresividad. Le bloquea para obligarle a escuchar. A David eso le desconcierta aún más. Como siempre Víctor es imprevisible.

VÍCTOR *(suplica que le crea)*: ¡Yo no quise apretar el gatillo! ¡No quise dispararte!

DAVID *(insiste)*: ¡Suéltame!

La pistola de plástico ha caído junto a ellos. Víctor la coge y se la coloca a David en la mano derecha.

VÍCTOR: ¡Toma la pistola!

David se revuelve, pero no puede hacer nada.

VÍCTOR *(ordena)*: ¡Deja el dedo dentro, pero trata de no apretar el gatillo!

Víctor rodea con sus manos la mano de David que sostiene la pistola. David no entiende qué intenta demostrarle Víctor, pero en cualquier caso no está dispuesto a ayudarle.
Las manos de David son más fuertes, especialmente sus robustos dedos de baloncestista. Como si se echaran un pulso (con el dedo cada uno) David hace fuerza con su dedo índice, en sentido contrario al de apretar el gatillo. Víctor, sin embargo, presiona con todas sus fuerzas sobre el dedo índice de David, sin conseguir moverlo un milímetro. Ambos sudan por el esfuerzo.
Víctor explica:

VÍCTOR: ¡Sancho tiene las manos más grandes que las mías, y es más fuerte!

Víctor hace un último intento, concentra todas sus fuerzas contra el dedo índice de David hasta conseguir que éste presione el gatillo. Suena el percu-

tor de plástico, por el cañón sale un chorrito de agua, o una banderilla que dice BANG.
David mira hacia un lado. Víctor le coge el rostro con la mano y le obliga a que le mire a los ojos.

VÍCTOR: Yo apreté el gatillo, pero fue Sancho quien apretó mi dedo…

Libera a David, se pone de pie. David continúa tirado en el suelo, mirando el techo, el labio inferior le tiembla.

VÍCTOR: Y no fue por casualidad, sino porque te estabas tirando a su mujer. *(camina en dirección a la puerta)* Clara pensaba abandonar a Sancho por ti, y él lo sabía… Por eso te disparó.

No hay el menor tono de revancha en sus palabras, sino una tremenda y agotadora tristeza.

SECUENCIA 90

Loft David y Elena. Interior. Tarde

David se entrena obsesivamente en la canasta del loft. Tira al aro, recoge el rebote, pelotea solo, vuelve a tirar. Una y otra vez. Como si cumpliera un castigo. Oye el ruido de la cerradura. Es Elena. La espera hace rato. Se saludan a media voz. Elena se queda en la zona de la cocina. Deja el bolso y se quita el abrigo. David se reúne con ella.

ELENA: He hablado con Mensajeros de la Paz... Tienen una casa de niños enfermos de sida... Voy a verlos mañana. Si me admiten, dejo «El Fontanar»... Ya se lo he dicho a mis compañeros...

David llega en plan suave, no quiere guerra, pero no entiende a su mujer.

DAVID: ¡Cómo vas a dejar «El Fontanar»!

ELENA: Así Víctor no tendrá excusa para verme... Pensé que te alegrarías...

DAVID *(se lamenta)*: No me gusta que te martirices... y no entiendo cómo tus compañeros dejan que te vayas... ¡Tú fundaste esa casa!

ELENA *(puntualiza)*: Yo... y Clementina... y Lola. Me voy, pero no les dejo... Seguiré ayudándoles económicamente...

DAVID: ¿Pero y los niños...? ¿Tus niños...?

ELENA *(se le empañan los ojos)*: ... No sé cómo voy a dejarles... pero no debo pensar en mí...

A David le halaga que no vuelva a ver a Víctor, pero no a costa de semejante sacrificio.

DAVID *(reprocha amable)*: ¿No habría sido más fácil prescindir de Víctor?

ELENA: Más fácil, tal vez... *(le informa)* he tenido que explicarles todo...

DAVID *(un poco molesto)*: ¿Todotodo?

ELENA: Sí. Si quería que me entendieran era necesario...

DAVID *(reprocha dulce y sincero)*: ¡Me parece una barbaridad que tú te vayas y Víctor se quede...!

ELENA: Creo que Clementina se está enamorando de él... *(David continúa asombrándose)* ¿Y vosotros, de qué habéis hablado?

DAVID: ¿No te lo ha dicho Víctor...?

David se desliza hasta ella. La coge con ternura y la ayuda a sentarse sobre sus piernas muertas. Elena le rodea con los brazos el cuello.

ELENA: No se lo he preguntado. Te lo pregunto a ti...

SECUENCIA 91

Despacho de David. Interior. Noche o tarde

David no está de acuerdo con su mujer, no la entiende, pero como otras veces, prefiere abandonar el tema y no insistir. La transporta hasta su despacho (como un novio transporta en brazos a la novia en la primera noche de bodas).

DAVID: Vamos a fumarnos un porro y nos relajamos un poco... *(no debe ser la primera vez que recurren al hachís como sedante)* Hoy ha sido un día muy tenso para los dos...

ELENA *(extrañada)*: Pues yo te encuentro bastante tranquilo...

DAVID *(sonríe)*: Es que ya me he fumado uno... Pero prométeme que todavía te pensarás lo de Mensajeros de la Paz, ¿eh...?

Nada más entrar en el despacho Elena se separa de David y va hacia las ventanas a bajar los distintos estores. David aprovecha que está de espaldas para guardar unos contactos de Víctor y Clara que tiene sobre la mesa. Los guarda rápidamente en un cajón lateral donde también está la pistola. Cierra con llave y se la guarda en el pantalón. Cuando Elena se sienta frente a él David ya está sacando el hachís de una cajita.
Elipsis.

SECUENCIA 92

Loft. Despacho David. Interior. Tarde

David termina de confeccionar el porro. Le sale perfecto, como un cigarrillo, termina en una especie de chirimbolo puntiagudo.
Quema los bordes del extremo, tira del chirimbolo como si fuera una tapa o un gorro y le entrega el porro encendido a Elena. Todo un rito y todo un caballero.
El sol del atardecer, filtrado por los estores color miel, tiñe el despacho de una luz muy especial, como de una tensa calma si eso fuera posible.

ELENA *(sin presión)*: Entonces, ¿de qué habéis hablado?

Da dos caladas y le pasa el porro a David. Están muy relajados, hablan casi en un susurro.

DAVID *(escueto)*: Del disparo. Víctor dice que no fue él...

ELENA: Pero si él tenía la pistola... No lo entiendo...

David da una nueva calada, como para tomar fuerzas, perdiéndolas.
La pareja se encuentra en un estado ideal para hablar.

DAVID: Elena, hay cosas de las que no te he hablado... Ocurrieron antes de conocerte... Yo era muy amigo de Sancho y también de Clara..., sobre todo de Clara.

Elipsis.

SECUENCIA 93

Loft. Despacho David

En el cenicero se extingue la colilla del porro. La confesión de David ha durado lo que el porro. Elena se ha quedado muda. Le mira brevemente, pero nunca directamente a los ojos, y cuando se los encuentra le lanza una mirada dura y furtiva como el mercurio. David le busca los ojos, desamparado (y la lengua, para saber qué piensa).

DAVID: Bueno, ¡di algo!

Elena mueve la cabeza de un modo imperceptible, como en busca de algo que decir, pero no encuentra una sola palabra. (Mira dentro de sí misma y le horroriza lo que ve.)

DAVID: ¡Desahógate... insúltame, si quieres, pero por favor, dime algo!

David mendiga el sonido de una palabra que no llega y el brillo de una mirada que ella esquiva.
David conserva en su memoria una verdadera antología de miradas-de-Elena, desde aquella primera, en el vestíbulo de su casa con una pistola en la sien pidiéndole que la salvara, hasta esta última mirada mercurial. No le importan los reproches, es ese silencio insondable lo que le aterra.
Elena se levanta y sale del despacho.
Se dirige a la habitación, pero antes debe atravesar el desierto del loft.
David permanece sentado en su mesa oyendo cada vez más lejos los pasos de Elena.

SECUENCIA 94

Loft. Interior. Atardecer

Una vez arriba (en el altillo), Elena se tumba en la cama, de espaldas a todo el loft, es decir, de espaldas a su matrimonio.
David sale del despacho. Se desliza sobre la silla, avanza un tramo. En ese momento el loft resulta desmesurado para los dos, o demasiado pequeño. Descubre a Elena arriba, tumbada de espaldas, en la cama. A pesar de la silla elevadora su mujer le parece inaccesible.
Por costumbre, David se desliza hacia la única zona que siente como suya: la comprendida entre las dos paredes de red metálica donde tiene instalada la ca-

nasta. La trama de rombos los separa como un muro. David agacha la cabeza, su perfil se recorta en la pared atrapado por las sombras geométricas de la red metálica, como si fueran la celosía de un confesionario.

DAVID: Ya sé que es una putada no haberte contado lo de Clara… Y sé que me he portado como un cerdo espiando y amenazando a Víctor… No voy a justificarme, pero no soy un hipócrita, ni un hijoputa. Sólo soy un trozo de carne que tiene miedo…

ELENA *(extrañada, sin cambiar de posición)*: ¿Miedo…? ¿De qué?

DAVID: Miedo de que me dejes…

SECUENCIA 95

*Dormitorio común. Casa Acogida.
Interior. Atardecer*

(Al día siguiente.)
En la habitación hay instalados cuatro chicos. Víctor termina de acostarlos entre bromas y recomendaciones. Los niños le tratan como si fuera un padre de su edad. Le piden un cuento y un beso. Víctor les da un beso y los arropa antes de salir al pasillo.

Por la ventana descubre a Elena, sentada sobre un banco de madera en el patio. Debe hacer mucho frío, Elena echa vaho por la boca cada vez que respira.

SECUENCIA 96

Patio Casa Acogida. Exterior. Casi noche

Víctor se acerca a Elena. Tiene la impresión de que le está esperando.
El cielo se va apagando, Elena enciende un cigarrillo.

VÍCTOR: Ten cuidado, mujer. Te vas a enfriar.

ELENA: Necesitaba aire, David me ha contado lo del disparo...

Víctor se sienta en el otro extremo del banco.

VÍCTOR: ¿Y?

Elena da varias caladas a su cigarro, nerviosa, agotada, penitente, despeinada.

ELENA: Me imagino cómo me habrás odiado, y ¡cómo me odias todavía!

Por el tono parece una invitación al insulto. Pero la reacción de Víctor es la contraria. Y eso la desarma.

VÍCTOR: ¡Cómo voy a odiarte! ¿Tengo cara de estar odiándote ahora…? Pero reconozco que hasta hace poco sólo pensaba en vengarme de ti y de David. Hasta tenía un plan…

ELENA: ¿Un plan de venganza?

VÍCTOR: Sí. Era un plan ridículo, ¡pero en la cárcel se te pasa cada cosa por el tarro!

Al comprobar el interés con que Elena le escucha, Víctor se lanza…

VÍCTOR: De todo lo que pasó aquella noche lo que más me dolió fue… cuando me dijiste «baboso» y que «no tenía puta idea de follar…». Juré que algún día te haría tragar esas palabras…

Elena se arrepiente de haber propiciado la confidencia. Vuelve la cabeza hacia otro lado, aterrada.

VÍCTOR: En la cárcel me violaron dos veces, ¿pero sabes lo peor?

Elena no responde, horrorizada.

VÍCTOR: ¡No me importaba que me hubieran contagiado el sida, para cuando yo saliera poder contagiártelo a ti!

Elena no sabe qué decir, no sabe a dónde mirar. Fuma con fruición.
Víctor la tranquiliza.

VÍCTOR: No te preocupes, estoy sano, tengo un certificado… Pero yo seguía obsesionado con aquello… ¡que no tenía ni idea de follar! *(le fastidia reconocerlo)* ¡Y lo peor es que era verdad! ¡Así que decidí que cuando saliera de la cárcel me convertiría en el mejor follador del mundo…! Mi plan consistía en pasar una noche entera contigo… Durante esa noche te follaría sin parar, hasta partirte por la mitad… Te haría gozar más de lo que habías soñado en toda tu vida… Tú naturalmente te quedarías colgada total de mí, pero yo te abandonaría… y no volvería a verte aunque me lo pidieras de rodillas… Ésa sería mi venganza… y ése era mi plan…

Elena se levanta, le faltan fuerzas para tenerse en pie.

ELENA *(murmura)*: Adiós, Víctor.

Víctor cree que una vez más ha metido bien la pata.

VÍCTOR *(ruega)*: No te vayas tan pronto, mujer…

Elena da unos pasos pero se vuelve, llorosa. El esfuerzo por dominar su emoción la está aniquilando.

ELENA *(transida)*: Dentro de unos días dejo «El Fontanar». Supongo que no volveremos a vernos...

Tira el cigarrillo, se da la vuelta y huye.
Víctor se siente perdido, como en la cárcel. Dominado por la misma sensación de confusión e indefensión. No intuye que Elena también vive cautiva. A diferencia de él, la de Elena es una prisión con paredes sólidamente construidas a base de culpa. La misma materia que puso los cimientos a su matrimonio.
Víctor le sacude una patada al cigarrillo que Elena tiró al suelo. La pava rebota varias veces, dejando una estela incandescente.

SECUENCIA 97

Mercamadrid. Amanecer

Ambiente Blade Runner. Humedad, goteo constante. Gente que va de un lado a otro, como muertos vivientes. Sólo el marisco parece estar vivo, alegre y fresco.
Un nuevo Víctor descarga pesadas cajas de pescado. Mientras reflexiona en off:

OFF-VÍCTOR: Para no pensar en Elena, he decidido empezar una nueva vida. Me he puesto

a trabajar y he vuelto a leer la Biblia
como cuando estaba en la cárcel. Día Uno:
... Dios creó la noche para que los enamorados no pudiéramos dormir, creó el agua
para que chorreara continuamente del techo de Mercamadrid y creó el pescado no
para llenar los mares con él sino para que
yo lo pueda descargar, antes del amanecer,
y de ese modo no pensar en Elena y no
volverme loco...

Un largo suspiro, al final.

SECUENCIA 98

Barrio de La Ventilla. Casa de Víctor.
Exterior. Día

El cielo presagia tormenta. Las nubes de un gris
casi negro se mueven como el humo. Contradi-
ciendo al cielo, un sol agonizante baña con su luz
dorada la fachada de la casa de Víctor.

SECUENCIA 99

*Interior casa Víctor. La misma hora.
Cocina*

Clara tararea una canción. Se cubre con un mandil, lleva el pelo recogido en una larga trenza. Unos pendientes y medallón de oro portugués le dan aire de gitana. Está haciendo un sofrito. No oye a Víctor hasta que lo tiene dentro de la cocina. Se sobresalta cuando le ve... En la pequeña encimera hay varios paquetes de alimentos recién comprados, y una generosa copa de vino, junto a una botella.

CLARA *(feliz)*: ¡No te había oído! ¡Qué susto me has dado! ¡Dame un beso!

Sin limpiarse las manos se apresura a besarle. Para no mancharle le estrecha con los codos. Víctor la besa poco efusivo.

CLARA *(reprende, cariñosa)*: ¡Achúchame! ¡Coño!

Víctor vuelve a estrecharla, esta vez con más fuerza. Después empieza a quitarse el jersey y se queda en camiseta. Tiene aspecto agotado.

VÍCTOR: ¿Dónde has estado estas dos semanas?

CLARA: En Portugal... Hueles distinto...

VÍCTOR: Huelo a pescado. ¿Y qué has hecho en Portugal?

Clara pone una sartén con aceite y cebolla sobre el fuego. Coge su enorme copa de vino.

CLARA: ¡Turismo, y una cura...! ¿No has recibido mi postal?

Víctor niega con la cabeza.

CLARA: No pude ni avisarte. Sancho sospecha algo y ha decidido regenerarse y reconquistarme *(lo dice con resentimiento)*. Hemos estado en una clínica. ¡El muy cabrito ha dejado de beber!

Da un trago por los dos.

VÍCTOR: ¿Y tú?

CLARA: Yo bebo más que nunca. ¿No lo ves?

VÍCTOR: Bueno, voy a ducharme.

Clara le coge del brazo.

CLARA: ¿Te pasa algo?

VÍCTOR: Estoy cansado. Ahora, además de la Casa de Acogida, trabajo en Mercamadrid, cargando y descargando cajas.

CLARA: ¿Y por qué de pronto tienes que matarte a trabajar?

VÍCTOR: ¿Cómo que por qué? No voy a chulearte toda la vida...

CLARA *(con naturalidad)*: ¿Y por qué no?

Mientras sale de la cocina, seguido de Clara.

VÍCTOR: ¡De verdad, dices unas cosas!

SECUENCIA 100

Casa Víctor. Cuarto de baño. Interior. Día

La puerta del cuarto de baño hace ángulo recto con la de la cocina. El espacio es mínimo. Víctor se desprende de la camiseta y los pantalones. Clara intenta ayudarle, pero él la rechaza cariñosamente.

VÍCTOR: Clara, es mejor que no volvamos a vernos...

CLARA: No me digas eso, mi amor. Yo no te pido nada, sólo verte de vez en cuando.

Es duro para Víctor herir a una mujer tan buena y tan generosa.
Pero si quiere ser sincero con ella, es inevitable.

VÍCTOR: Los dos tenemos que solucionar nuestras vidas, pero tenemos que hacerlo por separado...

Le da al grifo y se mete en la ducha. Clara se sienta, abatida, sobre una pequeña banqueta.

CLARA: ¿Por qué? Yo no te pido que estés enamorado de mí. Ya te quiero yo por los dos...

No hay el menor chantaje en sus lágrimas.

VÍCTOR: Clara, ¿no hueles algo raro?

Pero Clara está como ida. De la cocina llega olor a humo, que se confunde con el vapor de la ducha. De todos modos en el estado en que se encuentra es difícil que Clara detecte algo.
Víctor insiste.

VÍCTOR: Estoy oliendo algo raro... ¡Hostias, la sartén!

La mujer da un respingo. El humo invade la mitad del cuarto de baño y ha borrado totalmente la cocina. No se ve ni la puerta.

SECUENCIA 101

Cocina Víctor. Interior. Día

Clara entra como una autómata en la cocina, coge lo primero que encuentra, una jarra de agua, y arroja el líquido sobre el fuego.
Las llamas se multiplican hasta alcanzar el techo.
Clara se lleva la mano a la cara y contempla las llamas como hechizada.
Víctor irrumpe en la cocina cubierto por una toalla.

VÍCTOR *(grita)*: ¡Clara!

Ella se vuelve, con los ojos vidriosos como si no le reconociera.
Víctor la coge y de un tirón la saca volando de la cocina. Del impulso, Clara choca contra la pared del salón y de rebote acaba sentada en una silla desconchada.
Víctor vuelve a la cocina. Coge trapos y a golpes intenta apagar el fuego. Le sacude como si luchara contra un animal enorme y gelatinoso. Finalmente acaba reduciéndolo con la toalla húmeda que le cubría de cintura para abajo.

SECUENCIA 102

Casa Víctor. Interior. Día

Sale tosiendo de la cocina. Clara no está en el saloncito. La llama y la busca por la casa, desnudo.

VÍCTOR: ¡Clara! ¡Clara!

Pero Clara se ha ido con el humo.

SECUENCIA 103

Casa Acogida. Interior. Noche

Víctor llega a la Casa. En el vestíbulo encuentra a Josep, un «educador», que le espera desde hace rato para que le releve.

JOSEP: Pensé que no venías...

VÍCTOR: He tenido movida... Lo siento...

Víctor lleva una bolsa al hombro, con sus cosas. Viste la única chupa de cuero que contiene su guardarropa. La misma con la que salió de la cárcel. En la puerta:

josep: Está todo bajo control. Los niños ya se han dormido…

víctor: Estupendo… Ah, y feliz cumpleaños.

Josep desaparece y Víctor cierra la puerta.
Víctor abre con sigilo una de las habitaciones donde descansa un grupo de niños. Todo en orden. Entra y arropa a uno que está desarropado.

SECUENCIA 104

Casa de Acogida. Cuarto-ropero.
Interior. Noche

Víctor se instala en el cuarto ropero. Las paredes están cubiertas hasta el techo de estanterías metálicas con prendas de vestir debidamente colocadas. Es el primer espacio de la casa que vio (sec. 64) el día que merodeó por el patio. No es un dormitorio propiamente dicho, pero en el centro, junto a la pared y bajo la ventana hay una cama. Junto a la cama una silla hace las veces de mesita de noche; en uno de los bordes del asiento se ensarta un flexo. Junto a la puerta que da al pasillo hay una mesa, casi toda cubierta por diferentes productos de limpieza. En la superficie que queda libre, Víctor coloca las cosas que va sacando de su bolsa. Un tuperware lleno de palillos (con los que hace pequeñas maquetas. Artesanía carcelaria). También

contiene cromos de la Familia Basura. Extrae, con
sumo cuidado para que no se le desmorone, una
especie de torre construida con cajas de cerillas.
Algunos cómics. Un ejemplar de *El Cantar de los
Cantares*. Y el diminuto guerrero de plástico. Su
mascota.
Por corte.

SECUENCIA 105

*Casa de Acogida. Cuarto ropero.
Interior. Noche*

Víctor lee tumbado sobre la cama, todavía vestido,
algún fragmento de *El Cantar de los Cantares*. Le
produce una emoción muy honda. Está convencido
que aquel libro sólo habla de él y de Elena.

> *Tus labios destilan dulzura, esposa;
> miel y leche hay bajo tu lengua,
> y el perfume de tus ropas
> es como aroma del Líbano.
> Jardín vallado eres,
> hermana mía, esposa;
> manantial vallado,
> fuente sellada.*

El ruido de la puerta le distrae de su ensoñación.
Cree que es el compañero de guardia. Pero es Elena. La sorpresa le roba el habla.

VÍCTOR: ¡Elena...! No sabía que estuvieras aquí...

ELENA *(mientras se quita el abrigo)*: He venido a recoger mis cosas del despacho...

Víctor la mira apenado.

VÍCTOR: ¡No te vayas! *(decidido)*: ¡Si alguien tiene que irse de aquí soy yo!

Elena empieza a desabrocharse el vestido.

ELENA *(ordena)*: ¡Calla...! Prométeme que no me buscarás, ¡que no volveremos a vernos!

Elena habla en un murmullo determinante y apasionado, obsesivo, caliente y frío a la vez. (Como si uno de los atractivos del pecado fuera el sentimiento de culpa posterior que genera.)
Antes de que Víctor pueda decir una sola palabra, Elena empieza a quitarse la ropa.
Víctor se olvida de responderle, sólo tiene ojos para ver lo que no puede creer: Elena desnuda.

ELENA *(insiste)* ¡Vamos, prométemelo!

Despierta. No piensa lo que dice:

VÍCTOR: Sí. Sí. Te lo prometo.

SECUENCIA 106

Sevilla. Cancha baloncesto. Interior. Noche

El equipo de David juega un importante partido en Sevilla. David defiende con una brutalidad tremenda. Hace una personal. El árbitro le pita falta, pero David se revuelve contra él y agrede al jugador.
El árbitro le descalifica y le echa del campo.
Los espectadores le abuchean.
David se aleja de la zona, furioso. La suya no es una furia deportiva. El terreno de sus problemas no es la cancha sevillana, sino una pequeña habitación en Madrid, llena de ropa infantil, con una cama improvisada, bajo una ventana.

SECUENCIA 107

*Cuarto ropero. Casa Acogida.
Interior. Noche*

Elena y Víctor «cabalgan» a lo largo de toda la noche el uno junto al otro, el uno dentro del otro.
Filmar los cuerpos como paisajes.
Los glúteos de Víctor, los pechos de Elena, los cuerpos desnudos invertidos y unidos por su epicentro, que parecen uno el reflejo del otro, deben

mostrarse con la magnitud y los movimientos propios de los fenómenos de la naturaleza. (Habrá que utilizar una cámara de alta velocidad e ingeniárselas con los encuadres.)
Una franja de luz azulada asoma por el borde de la ventana y se proyecta sobre el perfil de una pierna de Víctor, doblada por la rodilla.
La pareja acaba de hacer el amor por enésima vez. Víctor se ha quedado traspuesto. Elena descansa su cabeza sobre uno de los muslos de Víctor. Descubre cómo el perfil de la otra pierna recibe la luz de la ventana.

ELENA: Está amaneciendo...

La luz del amanecer llega hasta su rostro e ilumina sus lágrimas.
Elena estrecha las dos piernas de Víctor, y continúa sollozando.
Víctor no se da cuenta. Siente que Elena se abraza a sus piernas y sueña con la noche que fue a su casa de Eduardo Dato. En el televisor ponían una película donde a un maniquí se le desprendía una pierna...
Desde que comienza la secuencia escuchamos un bolero recreado por la voz infinita de Chavela Vargas.

Somos un sueño imposible que busca la noche...
pero qué importa la vida, con esta separación...
somos dos gotas de llanto en una canción...
Nada más eso somos...

En esa noche de líquidos, flujos y reflejos, el sudor lo pone Víctor y Elena las lágrimas.
Una vez más, Chavela tiene razón.

SECUENCIA 108

*Loft David-Elena. Interior y exterior.
Amanecer*

A. Elena llega frente a su casa. Aparca el coche, y sale con dos cajas de cartón. Las gafas oscuras ocultan sus ojos.

B. Deja las dos cajas en el hall. Están llenas de las cosas que tenía en el despacho de la Casa de Acogida.

C. CUARTO DE BAÑO
Desnuda bajo la ducha, Elena aspira el olor de su cuerpo, totalmente impregnado del olor de Víctor. Huele a Víctor en los pechos, en los brazos, en las manos. Quisiera barnizar su piel y conservar ese olor para siempre. Sin embargo abre el grifo de la ducha. No es por higiene, sino como penitencia. El ruido de la ducha le impide oír que un taxi acaba de aparcar frente a la puerta.

SECUENCIA 109

*Exterior calle loft David-Elena.
Exterior. Amanecer*

El taxi lleva matrícula de Sevilla. Se abre la puerta trasera.
Lo primero en salir es un esqueleto de silla, después una rueda.
Las manos de David ajustan las ruedas en su lugar. Sale, se sienta y sin perder tiempo se dirige a la puerta de su loft.

SECUENCIA 110

Loft David-Elena. Interior. Día

Primera hora del día. (Siete o siete y media.)
David entra en el loft. Mira al fondo, con ansiedad, hacia el altillo donde está la cama. Divisa a Elena, acostada de espaldas.
Le inunda una gran sensación de paz. La crispación desaparece de su rostro. Todo está en orden. ¡Por fin en casa!

EN LA CAMA, de espaldas a la inmensidad del loft, Elena abre los ojos y respira hondo. ¡No lo esperaba tan pronto! El pelo mojado se le adhiere

a la sien y a las mejillas. No parece recién duchada, sino que tiene fiebre. Escucha amplificados los pocos ruidos metálicos de la silla rodando en dirección a la escalera del altillo. Oye cómo David se sube al asiento elevador y lo pone en marcha.
La cámara se sitúa en el centro de la cama, con las piernas desnudas de Elena en primer término, separadas y formando un ángulo. En este plano la escalera cruza en diagonal el fotograma.
La cabeza de David aparece poco a poco a la izquierda, a la cabeza le sigue lentamente el resto del cuerpo, sentado en la silla elevadora. Se diría que David amanece sobre las piernas de Elena. Desde que aparece su cabeza los ojos de David se concentran en un solo punto, aquel en que ambas piernas se encuentran: el sexo de Elena. Y hacia ese punto se dirige cuando se baja de la silla elevadora, y se sienta en la otra silla de ruedas que hay en la parte superior de la escalera.
Se desliza hasta llegar al borde de la cama.
Toma impulso y se lanza sobre las piernas de Elena, separadas y un poco recogidas, haciendo un ángulo.
Elena finge despertarse, en cualquier caso habla con voz somnolienta.

ELENA *(musita)*: ¿David?

DAVID: Sí... *(tierno)* ¿Te he despertado?

ELENA: No te esperaba tan pronto.

David empieza besándole los pies hasta llegar a la rodilla y a los muslos.

DAVID: Me he venido solo en taxi desde Sevilla. No quería esperar al resto del equipo.

ELENA: Duérmete, estarás agotado...

David continúa besando los muslos, se abre paso entre ambos con la cabeza, Elena aprieta las piernas como unas tijeras sobre la cabeza de David.

DAVID: No, no estoy cansado...

A juzgar por su voz está muy excitado, empuja con la cabeza hasta llegar a lamerle el coño. Elena no puede reprimir un leve gemido. David levanta la cabeza y la mira divertido, como si fuera un juego.

DAVID: ¿Qué pasa, no te apetece?

ELENA: No es eso, es que me duele...

David deshace el camino, de los muslos desciende suavemente hacia la rodilla sin dejar de besarle.

DAVID: ¿Y eso?

ELENA: He estado follando toda la noche.

David separa los labios de las piernas de Elena. Levanta la cabeza y permanece inmóvil.

SECUENCIA 111

*Casa de Sancho y Clara. Interior. Día.
En ese mismo momento*

Sancho ronca despatarrado sobre la cama. Todo indica que ha vuelto a beber a lo bestia, hay botellas y vasos vacíos tirados por el suelo, cerca de su lado.
En la habitación reina el desorden, reflejo fiel de la pareja que la cohabita. La noche anterior ha debido ser muy agitada.
Clara está en el cuarto de baño, vestida y preparada para salir.
Lleva puesto incluso su abrigo de leopardo. El pelo suelto y ondulado, sobre los hombros, le da aspecto de loca, o de heroína trágica. (Del incendio en casa de Víctor, conserva sólo la mano vendada.)
Sobre la encimera del lavabo hay algodón, vendas, mercromina, alcohol, etc. Todo un set doméstico de primeros auxilios.
Clara tiene frente a ella una pequeña Samsonite en la que va metiendo frascos, potingues y analgésicos. Trata de hacer el menor ruido posible.
La descripción de la pequeña Samsonite serviría para describir a Clara: su expresión es rígida, y llena de compartimentos. O lo que es más simple, su rostro no expresa nada, ni siquiera dolor. Si acaso un profundo cansancio.
Sancho aparece en la puerta del cuarto de baño, medio dormido, con ganas de mear. La sorpren-

de in fraganti, pero su tono es pacífico y cariñoso.

SANCHO: ¿Qué haces?

CLARA: Me voy.

SANCHO: ¿Dónde?

CLARA *(letal)*: Lejos.

En boca de Clara «lejos» suena «muy lejos», suena a «muerte».

CLARA: Y no me busques, ¿vale?

SANCHO *(ruega, dolorido)*: Clara, no empieces... Dame un alkaseltzer que me estalla la cabeza...

Clara saca del neceser una caja de alkazeltzer y la deja sobre la encimera, al lado de Sancho. Cierra el neceser y se vuelve hacia su marido. Sancho tapa con su cuerpo la puerta.

CLARA *(sin mirarle)*: Apártate de la puerta. Déjame salir.

Deliberadamente Sancho la está obstruyendo.

SANCHO: ¿Por qué no olvidamos lo de anoche?

Sin que Sancho pueda impedirlo Clara coge un bote de laca, aprieta en un extremo y fumiga los ojos de Sancho con abundante laca. Sancho da un alarido, instintivamente se dobla de dolor y busca a ciegas el lavabo. Abre el grifo y coloca los ojos abiertos bajo el chorro de agua.
Mientras tanto Clara huye a la alcoba. Lleva consigo el neceser.
Busca entre la ropa de Sancho. Arroja sobre la cama todo lo que no le interesa hasta encontrar la sobaquera del policía con una pistola dentro. Coge el arma. La mete en un bolso que se cuelga del hombro y sale corriendo de la habitación. Pero Sancho la espera en el pasillo, tambaleándose como un monstruo de película de horror japonesa.

SANCHO: ¡Clara, por favor, tranquilízate!

Los ojos se le han reducido, deberían dolerle, pero en esos momentos Sancho sólo es sensible a un tipo de dolor.

CLARA: Dame las llaves y déjame salir.

SANCHO *(ruega, de verdad)*: Nos merecemos otra oportunidad.

Clara saca la pistola del bolso con la mano derecha. En la izquierda lleva agarrado del asa el rígido neceser. Apunta a su marido. Sancho está a dos metros escasos de ella, pero no se mueve.

CLARA: Ya nos hemos dado demasiadas. ¡Apártate!

SANCHO: Puedo cambiar. Te lo demostré la semana pasada, ¿no? *(exige)* ¡Perdóname, joder!

CLARA: Te perdono.

Baja la pistola y dispara. Le roza a Sancho en la cintura. Sancho hace un gesto de dolor pero no acaba de quitarse de enmedio, Clara le sacude un golpe con la Samsonite en la sien. Sancho se desploma en el suelo, sin sentido. Clara hurga en los bolsillo traseros del pantalón con urgencia de ratero hasta encontrar un manojo de llaves.
Las coge y echa a correr.
Abre la puerta que da al rellano. No se preocupa de cerrarla.
Por última vez pisa el felpudo que irónicamente durante años le ha dado la bienvenida.

SECUENCIA 112

Loft de David y Elena. Interior. Día

A. CUARTO DE BAÑO.
Solo, dentro de la ducha, separado del resto del cuarto de baño por paredes de cristal traslúcido, David llora debajo del agua. Inmóvil. Impotente (nunca mejor dicho). El líquido de la ducha se funde con sus lágrimas.

B. EN LA COCINA.
Como si fuera una fábrica, la maquinaria matrimonial, la de la convivencia, la que pone en marcha los ritos domésticos compartidos se ha puesto en funcionamiento. Y no es un eufemismo hablar de maquinaria. Mientras el motor de la silla elevadora (y descendedora) gira sus dientes transportando a David a la base del loft, Elena ha enchufado todos los electrodomésticos dispuesta a ofrecer el más completo y exhaustivo desayuno.
El reloj de la cocina marca las 8.30 de la mañana. Elena acaba de partir una naranja. La imagen de las dos medias naranjas separadas, resulta muy elocuente. No necesita levantar la cabeza para saber que David viene hacia la cocina. La ducha no ha conseguido calmarle.
La silla le pesa más que nunca. La silla y el cuerpo que transporta.
La noche en vela ha dejado su huella en los dos.
Elena dispone los platos, el café, el zumo, las tostadas, etc. Un desayuno agresivamente completo para compensar aquel cruel amanecer.
Su aspecto es menos impecable de lo habitual. El pelo, seco, indómito, conserva el desorden de la última y precipitada ducha.
Antes de llegar a la mesa, sin saludarla siquiera, pregunta:

DAVID: ¿Quién fue?

Sus palabras parecen hechas de hierro candente.
Dos tostadas emergen a dúo, por las rendijas de la tostadora.

Elena deja de triturar naranjas y le mira franca y neutra.

ELENA: No creo que te haga ningún bien saberlo.

DAVID: Lo que no me ha hecho ningún bien es que lo hayas hecho.

ELENA: Fue Víctor.

David explota. A su derecha hay una mesa auxiliar con vasos, cereales, mantequilla, tazas, azúcar, cubertería... De un brazazo lo barre todo mientras brama:

DAVID: ¡Hijo de la gran puta! ¡Lo sabía!

Todo lo que había en la mesa cae a varios metros, y se derrama sobre el suelo de parquet. Un grueso vaso de cristal, de superficie poliédrica, pendulea sobre uno de los lados de un modo cíclico, suena como los latidos de un corazón. Un corazón de cristal.
Elena hace un gesto milimétrico, de terror. Inmediatamente recupera su atonía. No es indiferencia. Es como si una sobredosis de autodesprecio la inmunizara contra cualquier agresión. Porque las asume todas.

ELENA: Fue culpa mía. Pero no volverá a ocurrir.

David está fuera de sí. Se lanza hacia ella. Frena a pocos milímetros. Y escupe:

DAVID: ¿Y por qué te tengo que creer?

ELENA *(serena y enervante)*: Porque yo nunca miento.

DAVID: Es verdad. Eres de una sinceridad insultante. ¿Qué vas a hacer ahora?

ELENA: Quedarme contigo, si tú no me echas.

DAVID: ¿Qué pasa, no te gustó?

ELENA: Yo no he dicho eso.

Nueva pérdida de control. La voz se le rompe al gritar:

DAVID: Entonces, ¿por qué coño te vas a quedar conmigo?

ELENA *(letal)*: Porque tú me necesitas más que él...

David pierde la noción del tiempo mientras la mira y asimila lo que acaba de oír. Uno no admite su propio cinismo en un instante, se necesita tiempo para asimilarlo, y a David le lleva varios segundos de silencio poder reaccionar. Su tono es duro, ya no grita.

DAVID: De acuerdo. Seguiré explotando tu complejo de culpa.

Se da una vuelta rapidísima y desaparece por la puerta de su despacho.

Elena permanece quieta, con las manos apoyadas en la encimera de la cocina, hasta que oye cerrarse la puerta del despacho.

SECUENCIA 113

Loft David-Elena. Interior. Día

Elena se acerca a la puerta del despacho. Empuja con la mano, pero la puerta se le resiste. David se ha encerrado por dentro.

ELENA: ¡David…! *(preocupada)* ¿Qué vas a hacer?

David no contesta. Habla con alguien por teléfono; desde fuera Elena no puede distinguir de qué habla ni con quién.

ELENA *(insiste)*: ¡David! ¡Ábreme!

Oye la silla acercándose a la puerta.
Cuando David abre la puerta Elena se coloca a propósito delante de él, para obligarle a parar, pero él la esquiva como si estuviera en la cancha.

ELENA: ¿Dónde vas…?

DAVID: Voy a entrenar.

ELENA: ¿Estás seguro?

David lleva una bolsa en la parte trasera de la silla. Pero no es una bolsa de deporte, sino una cartera. Después de avanzar un metro, se detiene. Vuelve la cabeza.

DAVID: ¡Claro que estoy seguro! ¿Por quién estás tan preocupada, por mí o por él?

No es una pregunta fácil.

ELENA: Por… los tres.

David sale decidido. Ni la mira ni se despide de ella. Elena no puede hacer nada, salvo ver cómo se aleja y cómo cierra la puerta.

SECUENCIA 114

*Loft de David y Elena. Cocina.
Despacho. Interior. Día*

Elena permanece de pie, inmóvil, en silencio. Frente a sí tiene todo el loft, toda una vida, vacío.
Por corte.
Sentada en el suelo, sin dejar de fumar, empieza a recoger los restos del desastre, trozos de tazas, cristales… Se pregunta: «¿Con quién hablaría?»

Se levanta y lo deja todo a medio recoger, sobre una bandeja.
Está demasiado desesperada para que la sosiegue el mero hecho de poner un poco de orden.

SECUENCIA 115

Despacho David. Interior. Día

Entra en el despacho de David y se sienta en la mesa. Necesita adivinar con quién habló su marido. Tiene el presentimiento de que esa llamada supone un peligro para Víctor.
De pronto se le ocurre pulsar el botón Redial del teléfono.
Automáticamente el teléfono marca el último número con el que ha comunicado. Al otro lado de la línea aparece la voz tenebrosa de Sancho.

OFF-SANCHO: ¿Sí…? ¡Clara…! ¡Clara…!

Elena no esperaba encontrar aquella voz, la reconoce después del segundo Clara. Es Sancho. ¿Para qué querría hablar David con Sancho en una mañana como aquella, teniendo en cuenta que no se ven desde hace tiempo? Elena cubre con su mano el teléfono, temerosa de que el policía reconozca su agitada respiración.

SECUENCIA 116

*Casa Sancho. Recibidor en forma de ele.
Interior. Día*

Sancho se desplaza hacia una percha de bambú de la que cuelgan un bolso y una cazadora. Deja el vaso de whisky sobre una mesita y mientras habla hurga dentro de la cazadora, y después en el bolso. Saca una papelina doblada, la abre, está vacía. Le da un lametazo y la tira al suelo. Al teléfono:

SANCHO: Clara, te escondas donde te escondas te juro que daré contigo.

SECUENCIA 117

Casa de Elena. Interior. Día

Elena continúa oyendo.
Cuelga el teléfono en mitad de una frase de Sancho.

SECUENCIA 118

*Casa de Sancho. Recibidor en forma de ele.
Interior. Día*

SANCHO: ¡Clara!

Oye el corte de la comunicación y arroja el auricular contra el suelo. Levanta la vista y descubre a David mirándole desde la puerta. David se desliza por el pasillo que comunica la puerta (que da al rellano) con el distribuidor interior. Un gran espejo duplica el espacio.

DAVID *(sin ironía)*: ¿Qué tal, Sancho...?

El encuentro resulta de lo más natural. Nada de «cuánto tiempo sin vernos...», etc. En cualquier caso antes de presentarse David ha llamado para anunciarse. La puerta del piso estaba abierta, el portazo de Clara la hizo rebotar.

SANCHO: Hola, David...

Sancho tiene una herida en la sien y una gran mancha de sangre a un lado de la cintura.
David le señala la herida de la frente.

DAVID: Esta vez os habéis peleado en serio, ¿eh?

Sancho bebe un trago de whisky.

SANCHO: ¡Qué va…! ¡Si últimamente estábamos mejor que nunca…! Yo… hasta había dejado de beber, ¡pero se ha cogido un rebote…! ¡Me ha dado una hostia con el neceser…!

Se mueve en dirección al baño. David advierte la quemadura de la camisa, y la sangre.

DAVID: ¿Eso qué es, un disparo?

SANCHO: Sí, pero no quería darme… es sólo un rasguño…

David le sigue por detrás.

DAVID: Suerte que no estabas de espaldas, porque podrías haber acabado como yo…

Entrando en el cuarto de baño…

SANCHO: No me importaría acabar en una silla si de ese modo recupero a Clara…

DAVID *(todavía en el distribuidor)*: ¡No sabes lo que dices *(masculla)*, hijo puta!

Sancho no puede oírle.

SECUENCIA 119

*Cuarto de baño. Casa de Clara y Sancho.
Interior. Día*

Sancho se encuentra frente a sí mismo en el espejo.
David acaba de entrar en el cuarto de baño. En los cuatro pasos que separan una escena de otra Sancho se ha venido totalmente abajo.

SANCHO: ¿Tienes algo de coca?

DAVID: Nooo, ¿para qué?

SANCHO: No quiero llorar *(está a punto)*, y la cocaína te seca las lágrimas. Te enfría...

Sancho coge un algodón e intenta curarse alguna de las heridas, pero no le resulta fácil.

DAVID: Deja que te cure...

Afortunadamente Clara dejó sobre la encimera el set completo de primeros auxilios. David coge un trozo de algodón y lo empapa en alcohol. Le levanta la camiseta a su antiguo jefe. Sancho emite un gemido, le duele más de lo previsto... Toma un trago. La imagen de los dos policías heridos, curándose mutuamente posee cierta cruel comicidad, no exenta de una bronca ternura...

SANCHO: Bueno, ¿qué tenías que contarme...? Vienes de parte de Clara, ¿verdad?

DAVID *(sigue curándole)*: No...

Sancho no disimula su decepción, estaba seguro que había venido por eso.

SANCHO: ¡Cómo que no!

DAVID: No... Clara hace mucho que no me ve... pero yo a ella sí la he visto...

David echa mano de la cartera que lleva en la parte trasera de la silla. Antes de abrirla le dice.

DAVID: ¡Mira!

SECUENCIA 120

*Loft de David y Elena. En ese momento.
En el estudio de David*

Elena enciende un nuevo cigarrillo y cede a una tentación con la que lleva luchando desde hace media hora: llamar a la Casa de Acogida.
Marca el número. Le responde un auténtico bullicio.

SECUENCIA 121

Casa de Acogida. Comedor

Clementina da de desayunar a varios niños a la vez. Está desbordada. Parece tener cinco manos, por lo menos. Con una de ellas coge el teléfono, el resto le sirven para ocuparse de los críos.
Ambas secuencias se alternan.

ELENA: Hola, Clemen, soy Elena. ¿Puedo hablar con Víctor...?

CLEMEN *(con retintín)*: No está.

ELENA *(angustiada)*: ¿Dónde ha ido?

CLEMEN *(reprocha)*: ¿Pero no decías que no querías verle?

Mientras habla con Clementina, Elena encuentra en un cajón de la mesa la pistola de David. El descubrimiento la tranquiliza. Continúa hurgando, debajo de la pistola hay varias hojas de contactos, y un sobre con fotos. Lo saca del cajón y lo coloca sobre la mesa. (Da la impresión de que David lo hubiera dejado ahí a propósito. No es posible que en el momento en que se fue se olvidara el cajón abierto, con semejante material.)

ELENA *(asombrada por el descubrimiento)*: ¡Clemen, por favor, es muy importante!

CLEMENTINA: Aclárate, Elena. Ayer nos decías que si nos pedía tu dirección no se la diéramos... y ahora...

Elena se ayuda de una lupa. Reconoce los contactos: allí está Víctor, en La Ventilla, saliendo y entrando de su casa prefabricada. En la mayoría aparece Clara. A Elena le da un vuelco el corazón.

ELENA *(al borde de las lágrimas)*: Ahora te pido yo la suya... ¿Sabes dónde vive?

CLEMEN: Desde luego, tía... Si crees que por financiarnos tienes derecho a tenernos aquí al retortero estás mu equivocá.

Elena mira alguna de las fotos en las que Clara y Víctor están a punto de hacer el amor contra las paredes del salón. (En otras se ve a Clara en plan ama de casa limpiando los cristales de las ventanas, o colocando macetas con flores en la entrada.) Ésas le duelen aún más. Elena rompe a llorar, Clemen piensa que es por su culpa...

ELENA *(ruega)*: ¡Clemen, no me tortures, que ya me torturo yo bastante!

CLEMEN: Bueno, no te pongas así... Víctor vive en La Ventilla... en una de esas casas prefabricás.

SECUENCIA 122

Cuarto de baño Sancho. Interior. Día

La misma foto, o una de la misma serie, la está viendo Sancho en el cuarto de baño de su casa, junto a David. Las fotos que ve Sancho son más explícitas, se nota que han sido especialmente seleccionadas por David. (Clara saludando con un beso a Víctor, en la puerta. Clara abriendo la puerta de la casa de La Ventilla, con llave. Bajo el brazo lleva un calefactor. Otra foto muestra a la pareja tras la ventana. Víctor tiene la bragueta medio desabrochada, está a punto de bajar la persiana, se ve a Clara al fondo...) Son muy explícitas.
Sancho las mira inexpresivo.

DAVID: Además de decorarle la casa... ¡este hijo puta se la está tirando desde que salió de la cárcel!

Difícil reunir mayor cantidad de odio en un cuarto de baño.

SANCHO: ¿Dónde vive?

SECUENCIA 123

*Casa de Víctor. Interior. Primera hora del día.
Simultáneamente...*

Clara abre la puerta de la habitación de Víctor. La ausencia del dueño hace que aquella diminuta habitación parezca enorme. Casi todo lo que hay dentro lo ha traído ella. Los cuadros, las flores, la cama, los tapetes, las cortinas. Todo le pertenece a Clara excepto su propia vida y la Biblia de pastas rojas.
En la mesita de noche, deja un sobre y las llaves. Coge la Biblia y empieza a ojearla por las páginas señaladas con diversos recuerdos de Víctor. Para Víctor la Biblia es joya y joyero.
Entre sus páginas guarda los pocos recuerdos hermosos que su corta vida le ha regalado... el recorte del periódico donde apareció la noticia de su nacimiento (en el hospital, su madre le tiene en brazos mientras el alcalde de Madrid le regala su primera canastilla). También guarda una foto con la madre. Víctor es un crío y no debía tener ganas de que le fotografiaran. La madre le tiene cogido en brazos, sobre un forillo pintado. El niño está berreando. Clara se enternece y besa la foto.

CLARA *(murmura)*: ¡Mi niño!

En otra página está el posavasos con los labios de Elena incrustados en rouge, la dirección y el número de teléfono.

Sentada en la cama, Clara coge un cuaderno y un lápiz. Y escribe (el contenido lo oímos en off, dicho por la propia Clara):

OFF-CLARA: Querido Víctor: Me gustaría que guardaras esta nota entre las páginas de tu Biblia, junto a las cosas que amas... Cuando la leas yo estaré muerta o huyendo por haber matado.

SECUENCIA 123A

Víctor va en el autobús que le conduce a la plaza de Castilla.
Sentado junto a una ventana, contempla el paisaje invernal. A lo lejos la Puerta de Europa abre sus piernas de cristal al denso tráfico que entra y sale de la ciudad.

OFF-CLARA: No te sientas responsable, ni me compadezcas. Desde el día que llamé a tu puerta, sabía que acabaría como este barrio, expropiada y destruida. Pero no me arrepiento ni te culpo, amor mío. Cuando me encontraste en el cementerio yo ya estaba condenada a desaparecer... Te dejo tu llave y un poco de dinero, no he podido conseguir más porque he tenido que salir huyendo de Sancho.

SECUENCIA 123B

David y Sancho, en el coche del parapléjico. Naturalmente conduce David. Van por la calle Agustín de Foxá, antes de llegar a la Plaza de Castilla. De perfil, acercándose a gran velocidad, se levantan las Torres Gemelas e inclinadas.

OFF-CLARA: ¡Vete de Madrid! Ya sé que ahora tienes más razones que nunca para quedarte. Pero Elena también lo entenderá…

SECUENCIA 123C

Elena, conduce su coche, despeinada, como estaba en la casa y vestida de un modo casual. Sobre la guantera lleva una foto de Clara y Víctor (una de las que David dejó en el cajón, como anzuelo para su dolor) donde se ven las Torres de KIO. Elena acaba de pasar por debajo de un escalextric, un lugar donde se dan cita la M-40 y la carretera de Burgos. A unos diez kilómetros se divisan las Torres de KIO, alternando con el resto de los edificios que completan el skyline madrileño.

OFF-CLARA: ¡Sálvate y huye de Sancho! No conseguirás nada enfrentándote a él. La gente como tú y como yo no hemos nacido para matar. Podemos herir a los demás, diría incluso que poseemos un don especial para ello, pero matarlos no... *(se oyen unos golpes en la puerta)*, aunque tal vez me equivoque... Ahí está. *(más golpes)* Seguro que es él. Conozco su modo de aporrear las puertas...

Deja de escribir. Y le dice al cuaderno:

CLARA: Adiós, Víctor.

Continúan oyéndose golpes en la puerta. Sin prisas, Clara saca del bolso la pistola de Sancho y sale de la habitación.

SECUENCIA 124

Casa de Víctor. Interior. Día

Cuando va por la mitad del salón apunta con la pistola de Sancho al corazón de la puerta. En ese momento Sancho consigue derribarla.
Sancho irrumpe apuntando con un arma mayor que la que cogió Clara. La pareja se mide con la mirada. Sancho tiene mejor aspecto que cuando Clara le dejó. Se ha cambiado de camisa y lavado la cara. Clara repara en el detalle, no contaba con ello.

SANCHO: ¿Dónde está Víctor?

CLARA: No está. Ya no vive aquí.

SANCHO: ¿Dónde vive?

CLARA: No sé...

Sancho va ganando terreno, poco a poco, mirando oblícuamente al resto de la vivienda. Acaba colocándose frente a Clara; detrás de él la ventana permite contemplar una de las Torres KIO, parte del aparcamiento y el terraplén.

SANCHO: ¿Qué vamos a hacer ahora, dispararnos el uno al otro?
CLARA: Dime tú otro modo de solucionarlo.

SANCHO: Depende de ti.

Los dos están rígidos, apuntándose el uno al otro. En el extremo del cañón las dos pistolas registran un ligero temblor. Detrás de Sancho, por la ventana, Clara descubre a Víctor caminando en dirección a la casa, por el terraplén. De pronto descubre también el coche de David, en un extremo del aparcamiento al aire libre.
Por fin mira a Sancho. Ahí están los tres hombres de su vida. Si quiere salvar a Víctor debería ir despidiéndose de los tres.
Amartilla el arma. Sancho no la cree capaz de matarle; por otra parte no le importa.
En efecto, Clara no quiere matar a Sancho, sólo

quiere salvar a Víctor. Pero, desgraciadamente, ambas cosas coinciden.
Sancho musita un débil y tiernísimo «Clara».
Clara cierra los ojos, precipita el final, pero no quiere verlo.

SECUENCIA 125

Casa Víctor. La Ventilla. Exterior. Día

Víctor entra en su pequeño patio. Escucha dos fuertes detonaciones, casi simultáneas. Del susto da un respingo, hace como un aspaviento con los brazos y se le cae la bolsa que lleva colgada.
Corre hacia el interior de la casa.

SECUENCIA 126

*Barrio de La Ventilla.
Aparcamiento. Exterior. Día.*

David pone el coche en marcha y se aleja de la zona.

SECUENCIA 127

Salón casa de Víctor. Interior. Día

Víctor entra en la casa. Clara está tumbada en el suelo, con un boquete a la altura del pecho, la sangre le ha salpicado en la cara y se extiende negra por el suelo. Conserva el arma en la mano. La pistola de Sancho, sin embargo, está en el suelo. Víctor la recoge inmediatamente y le apunta, temblando, los ojos desorbitados de dolor.
Clara le ha devuelto la vida, a costa de la suya.
Sancho se arrastra apoyándose en un brazo, hasta poder abrazar el cadáver de Clara. Está gravemente herido. Ni siquiera mira a Víctor.

SANCHO *(al cadáver)*: En esto se resume mi vida...
Yo arrastrándome para poder estar cerca de ti... *(todavía sin mirarle)* Debería haberte arrancado los huevos aquella noche...

Sancho yace abrazado a Clara, su cabeza a la altura del pecho herido. Gira muy despacio su rostro lloroso hacia Víctor.
Víctor nunca había visto tanto dolor concentrado en una mirada.
Y ese dolor le paraliza, como si en vez de lágrimas Sancho tuviera un cañón en cada ojo.

SANCHO *(ordena)*: ¡Dispara...! ¿A qué esperas?

Víctor le apunta y tiembla. Llora por aquella mujer. Pero como ella intuyó no es un criminal..., no es capaz de disparar...

SANCHO *(despectivo)*: ¡No tienes huevos! ¡Mamón!

El insulto no acaba de conseguir que Víctor apriete el gatillo.

SANCHO: Tendré que disparar otra vez por ti.

VÍCTOR *(rota la voz por el llanto)*: Me has robado seis años de mi vida.

SANCHO *(sin mirarle, estrecha a Clara)*: Tú me has robado mucho más.

VÍCTOR: Clara no te pertenecía.

SANCHO: Tu vida a ti tampoco. Uno no es dueño de su juventud ni de las mujeres que ama...

Coge la mano de Clara, la que empuña la pistola. Sin quitársela, como si la mano rígida y la pistola fueran una sola cosa Sancho dirige lentamente el cañón hacia Víctor. Víctor mira aquellas dos manos ensangrentadas que todavía conservan los anillos de boda, alrededor de una pistola. Si sobrevive nunca olvidará esa imagen y cuando oiga la palabra matrimonio no podrá evitar acordarse de aquellos dos anillos ensangrentados.
Víctor tiene las piernas abiertas, coge la pistola con las dos manos. Debajo del arco que forman sus

piernas, la cámara nos mostrará a Sancho y a Clara, en el suelo sobre un baño de sangre.
Con la mano de Clara-armada Sancho le apunta a los genitales.

SECUENCIA 128

Barrio de La Ventilla. Exterior. Día

Elena conduce por una cuesta del barrio de La Ventilla. Está buscando la casa de Víctor. Descubre a pocos metros el coche de David en dirección contraria. No puede creerlo. Le llama por la ventanilla.

ELENA: ¡David!

Pero el coche de David pasa de largo. Él no se ha atrevido ni a mirarla.

ELENA: ¿Qué haces aquí...? ¡No puede ser!

VUELTA A LA SECUENCIA 127

Interior casa de Víctor

Sancho continúa apuntando a Víctor, siempre a través de la mano de Clara (del mismo modo que le disparara seis años antes a David con la mano de Víctor). Ahí está la prueba. Víctor albergaba ciertas dudas, aunque a David se lo dijera con absoluta convicción. Pero ahí tiene la demostración gráfica y terrible.
Lástima que David no pueda contemplarla.
Víctor no deja de temblar y de apuntar a Sancho. En el último momento, el policía vuelve el cañón lentamente hacia sí mismo. Y aprieta el dedo de Clara que está pegado al gatillo.

SECUENCIA 129

Barrio La Ventilla. Inmediaciones casa Víctor. Exterior. Día.

Elena baja por el terraplén, cerca de la casa de Víctor. Antes de llegar oye el estruendo del disparo. Magnificado por el miedo suena como un cañonazo. Se lleva las manos a la cara, pero no puede contener dos gritos que no parecen humanos. De nuevo la misma sensación mortal de culpabilidad.

No se siente capaz de sobrevivir a este segundo estruendo.
Sobre esta imagen de horror inmenso empieza a escucharse la voz de David, leyendo una carta (nos sirve de elipsis, han pasado los meses. La acción se sitúa en diciembre). La carta dice así:

OFF-DAVID: Elena: Estoy en Miami, he venido a pasar las fiestas con algunos compañeros.

SECUENCIA 130

Distribuidor Casa de Acogida

Hay un saloncito diminuto, tamaño infantil pero con todo su mobiliario, sofás, mesitas. Mueble aparador. Cuadritos en las paredes previamente empapeladas. Todo ello adornado con brillos navideños. Encima de uno de los sofás hay un montón de correspondencia. La primera de las postales, es una imagen típica de South Beach, de Miami. Sobre un primer plano de la postal continuamos oyendo la voz de David.

OFF-DAVID: Son las primeras navidades que paso al sol, y las primeras en seis años sin ti... Aunque me duela mucho reconocerlo, ahora te entiendo mejor que nunca, entiendo tu falta de alegría, las pocas veces que te vi reír. No te sientas culpable de nada, porque el culpable fui yo, tanto de lo que ocurrió en tu casa de Eduardo Dato, hace seis años, como de la masacre de La Ventilla… Recibe esta declaración de culpabilidad como una declaración de amor y como mi regalo de navidad…

SECUENCIA 131

Casa de Acogida. Interior. Día o noche. Diciembre

Las últimas palabras de David se escuchan mientras mostramos a Víctor y los niños montando el belén en el salón de juegos.
El belén tiene un punto carcelario, está hecho a base de papel de plata de cajetillas de tabaco, palillos, cerillas, etc… Los niños han hecho dibujos, recortado estrellas. Han intervenido todos, están entusiasmados y enrolladísimos. Tararean un villancico.
Súbitamente se abre la puerta. Aparece Elena sosteniendo su barriga de embarazada con ambas manos. Grita:

ELENA: ¡Víctor!

De un salto Víctor se reúne en la puerta con ella.

VÍCTOR: ¿Ya?

Los niños se preguntan qué puede estar ocurriendo para que Elena grite de ese modo.

SECUENCIA 132

Calle Casa Acogida. Exterior. Noche

La furgoneta de la comunidad está aparcada frente a la puerta de «El Fontanar». Lola y Clemen, rodeadas de niños despiden al trío.
Josep, Elena y Víctor entran en la furgoneta.

SECUENCIA 133

Dentro de la furgoneta. Noche

La decoración navideña se refleja periódicamente en el cristal delantero. Conduce Josep.

VÍCTOR: Vamos a la maternidad de O'Donnell, Josep.

JOSEP: ¿Por dónde?

ELENA: Por donde no haya atascos…

JOSEP: ¿Y eso por dónde es?

VÍCTOR: Vete por el centro, es lo más directo…

JOSEP: ¡Por el centro no llegamos nunca!

VÍCTOR: A esta hora todo el mundo está viendo el partido España-Malta…

Elena emite un alarido de dolor.

VÍCTOR: Aguanta, cariño… No aprietes… *(a la barriga)* Y tú no tengas prisa, que enseguida llegamos al hospital…

SECUENCIA 134

Calle Arenal. Exterior. Noche

La calle Arenal está de bote en bote. No cabe un alfiler. Las aceras están repletas de gente y la calle desbordada de coches.
La decoración es más propia de un casino de Las Vegas que de la navidad. Las luces de colores cuelgan de los balcones como collares y diademas de una prostituta convertida en calle.
Los capós de los coches forman un verdadero empedrado incandescente. Las luces se duplican en

sus chapas inmóviles. El atasco es absoluto. Los peatones gritan, caminan, salen de los bares, llevan gorros de Papá Noel en la cabeza, paquetes en las manos, y un brillo eufórico en los ojos.
Josep suda de puro nerviosismo. Elena gime…

ELENA: No puedo más…

VÍCTOR: Espera… *(a la barriga)* Y tú, no seas impaciente… *(a Elena)* A ver si le convenzo… *(al feto)* Sé perfectamente cómo te sientes… Hace veintiséis años yo estaba en tu misma situación, a punto de nacer…, pero tú tienes más suerte que yo, cacho cabrón… No sabes cómo ha cambiado esto.

Víctor mira a las aceras llenas de gente borracha y consumidora.

VÍCTOR: … Mira cómo está la acera, llena de gente. Cuando yo nací no había un alma por la calle. La gente estaba encerrada en sus casas, cagada de miedo. Por suerte para ti, hijo mío, hace mucho tiempo que en España hemos perdido el miedo…

El atasco empieza a ceder. La camioneta que conduce Josep se abre paso entre los demás coches. Muy pronto Elena y Víctor llegarán a la Maternidad de O'Donnell.

FIN

REFLEXIONES DEL AUTOR

1. BUÑUEL, LOS PIES Y LAS PIERNAS

A Buñuel le atraían mucho los pies, especialmente los de mujer. Los pies y toda su parafernalia: medias, zapatos, zapaterías, dependientas de zapaterías, etc. Las piernas también le gustaban bastante, y las medias. Para Buñuel la mujer empezaba por los pies.

La primera secuencia de *Él*, una de mis películas favoritas de su época mejicana (junto a *Leave her to heaven* componen las dos torres gemelas, auténticas cumbres cinematográficas, sobre la psicosis de los celos), se lleva a cabo en una iglesia: un sacerdote le lava los pies a varios fieles en una ceremonia de Semana Santa. Como punto de vista del protagonista, la cámara va mostrando los pies de algunos penitentes hasta llegar a unos bonitos tacones negros de los que emergen sendas piernas. La dueña de dichas extremidades se convertirá en la dueña de su corazón, y en la prisionera de los celos más paranoicos y crueles.

En una escena de *Carne trémula*, Elena se abraza desesperadamente a las piernas de Víctor. No se trata de un homenaje a Buñuel, ni el personaje de Elena es una fetichista. Elena está casada con un parapléjico, su vida marital carece de «pies» y de «piernas». Por esa razón estrecha contra sus mejillas los tobillos de Víctor y los rocía con su llanto entrecortado y matinal.

Los Cuerpos de los amantes reposan invertidos sobre la cama. Han recorrido toda la noche cabalgando el uno sobre el otro, el uno dentro del otro. Víctor se ha quedado amodorrado. Siente, medio en sueños, que Elena se agarra a sus piernas y recuerda el único día que fue a su casa, cuando Elena vivía con su padre. La televisión emitía una antigua película donde un tipo arrastraba por el suelo un maniquí femenino. Al rozar un escalón, al maniquí se le desprendía una pierna. Aquella imagen surrealista se le quedó grabada a Víctor en la memoria, y la recuerda al sentir los brazos de Elena alrededor de sus piernas. La película no era otra que *Ensayo de un crimen*, de Luis Buñuel.

2. RODAJE DE INVIERNO

España acaba de sobrevivir al invierno más caluroso de su historia (el invierno del 97). Para los exteriores de *Carne trémula* yo esperaba contar con esos cielos recorridos por nubes oscuras como el humo tan típicos de Madrid; pero la naturaleza no estuvo de mi parte y en lugar de cielos grises, de enero a marzo hemos padecido la insistencia de un sol cegador. No he tenido otra alternativa que aceptarlo como una imposición del destino (idéntico al de los cinco protagonistas, un destino incandescente y negro como las letras que Juan Gatti ha diseñado para el cartel).

Además de una metáfora que justifica el espléndido trabajo de Affonso Beato (director de fotografía) y el de Gatti (responsable de la parte gráfica) este calor extremo, madrileño, invernal e infernal, ha provocado extraños y nuevos fenómenos en la naturaleza, rupturas y anticipos de ciclos ecológicos ante los que los observadores etnográficos todavía no salen de su asombro: las moscas nos han molestado todo el año (es el primer invierno con moscas que recuerdo), los grillos empezaron sus trinos en marzo cuando lo suyo es hacerlo a final de abril, el cuco anticipó en varias semanas el debut de su canto, y los cerezos cubrieron de flores blancas el valle del Jerte 45 días antes de su fiesta oficial. Algo así como si una novia decidiera vestirse de blanco y acudir a la iglesia dos meses antes del día de su boda sin avisar a los invitados. ¡Un desatino! Idéntica premura ha impulsado a la mariposa de la col y a las cigüeñas, el calor prematuro las ha desorientado.

Víctor Plaza (Liberto Rabal) sale de la cárcel una mañana de este caluroso invierno. Y al igual que el sol imprevisto enloqueció a moscas, grillos, cucos, cerezos, cigüeñas y mariposas, la presencia de Víctor va a provocar una verdadera catarsis en Elena, David, Sancho y Clara, sin pretenderlo, simplemente por el hecho de estar vivo, sano, libre (y caliente) como el sol.

Elena (Francesca Neri) es hija única de un diplomático italiano viudo, una de esas «pobres niñas ricas», de infancia nómada y consentida.

Al final de los 80, Elena tonteaba con el abismo, el caos y las drogas duras. Una de esas interminables noches madrileñas, en el lavabo de un afterhour tuvo un encontronazo erótico con el adolescente Víctor. Cuando éste la llama por teléfono, una semana después, ella ni siquiera le recuerda. No le da opción a enrollarse porque la chica está esperando a un dealer. Víctor se queda frente a la puerta de la casa de Elena, frustrado, humillado, solo y rebotado. Es un adolescente solitario, susceptible y orgulloso, hijo de una prostituta con la que comparte una casa prefabricada en un barrio condenado a desaparecer.

David y Sancho (Javier Bardem y Pepe Sancho, respectivamente) son dos policías vestidos de paisano que patrullan el centro de la ciudad. El primero es un joven todavía por hacer (de haber tenido la oportunidad se habría convertido en un buen policía), el segundo le dobla en edad y en desesperación. Es un personaje típico de film-noir. Sancho bebe como un cosaco, desprecia y sospecha de todo bicho viviente. Según le confiesa a David, su mujer, Clara, se «entiende» con alguien. «Podría ser cualquiera de los que pasan por la calle», lo dice y lo piensa, mientras mira por la ventana del coche. Obcecado, ciego, intoxicado, esclavo de la pasión como esos hombres mayores y gordos (los Broderick Crawfords, de *Human Desire*) capaces de matar como único modo de liberación, Sancho-armado supone un peligro en sí mismo, una auténtica arma letal. David, su compañero, lo sabe e intenta llevarle la corriente mientras pasean su tensión por las calles animadas y pacíficas de un Madrid noctámbulo.

Clara (Ángela Molina) es una hermosa mujer que merodea la cuarentena rodeada de plantas, flores y temores. En su juventud fue bailaora de flamenco. Del flamenco conserva esa mirada ancestral de mujer trágica y eterna. Imprevista y pasional. Maternal y fatal. En su momento debió amar intensamente a Sancho, pero de eso hace tiempo. Cuando él la llama desde el coche-patrulla (la aciaga noche del 90), Clara le responde con monosílabos. Tiene un ojo morado, antes de salir Sancho la golpeó, y no hay nada más doloroso para un enamorado que el recuerdo de haber golpeado a la mujer que ama. Ya en el 90 la relación con su marido atravesaba por un grave proceso de deterioro. Cuando Víctor sale de la cárcel el proceso es el mismo, pero seis años más deteriorado.

La fragilidad de Clara la hace inmune al dolor, se ha convertido en un ser sin voluntad, una sombra de sí misma que recupera su cuerpo cuando encuentra a Víctor en el cementerio, dos días después de salir de la cárcel.

3. EMPEZAR POR EL PRINCIPIO

Siempre fue un muchacho intempestivo, Víctor. Una fría noche de enero de 1970 arrancó a su madre de la cama de la pensión donde vivía y trabajaba. No le dio tiempo a llegar al hospital, Víctor nació a mitad de camino, en el interior de un autobús. La ciudad estaba desierta, un viento helado no conseguía barrer el miedo de las calles. Y no era para menos, ese día el Gobierno de Franco había declarado el Estado de Excepción en todo el territorio nacional. Se prohibían todo tipo de libertades y se legalizaba la detención indefinida de cualquier español, sin la menor explicación (suspensión del Art. 18 del Fuero de los Españoles).

Es muy saludable que muchos de los que vean la película ni siquiera sepan en qué consiste el Estado de Excepción.

Las primeras secuencias de *Carne trémula* narran el nacimiento de Víctor, dentro de un autobús, en pleno y desierto corazón de Madrid.

La idea de este vibrante arranque no me la inspiró *Speed* sino mi propia madre.

Hace algunos años, como parte de un documental que sobre mí realizaba la BBC 2, un equipo se desplazó hasta el pueblo donde vive mi madre, para entrevistarla. Yo hacía de improvisado traductor. Cuando el periodista le sugirió que contara alguna anécdota sobre mi infancia, mi madre comenzó narrando con todo detalle cómo vine al mundo, cuáles fueron mis primeros gestos, mis primeros sonidos, mis primeras reacciones. Yo me moría de vergüenza, después comprendí que sólo las madres y algunos genios poseen esa capacidad de abordar de inmediato lo esencial, sin esfuerzo ni pudor.

En efecto, no hay mejor modo de empezar una historia que explicando el nacimiento de su protagonista, es lo que se llama «empezar por el principio».

4. EL VERBO

Dos días después de salir de la cárcel, Víctor va a visitar la tumba de su madre, que murió mientras él estaba «dentro».

Contempla la humilde lápida, que sólo lleva inscritos el nombre de la difunta y los límites de su existencia.

Víctor se dirige a la lápida como si realmente estuviera frente a su madre.

Ésta es una constante en algunos de mis personajes: la oralidad.

No importa que el interlocutor sea un trozo de mármol (Víctor y la lápida), un supuesto muerto (Kika y el cadáver que está maquillando), una mujer que no puede responder porque está amordazada (*Átame*) o dormida (Paul Bazzo a Kika, antes de violarla) y por supuesto el habitual diálogo con las flores, o con un contestador automático mudo (Pepa en *Mujeres...*) o la oración frente al altar de un Dios ausente (La Madre Superiora en *Entre tinieblas*). Todos ellos son víctimas de la misma soledad e incomprensión. Por eso no cesan de explicarse a sí mismos, para que los demás les conozcan y les amen un poco.

Hablando en voz alta al menos se sienten acompañados por su propia voz. Supongo que éste es el principio de la oración, tanto en gramática como en las prácticas piadosas.

Desde la escritura del guión, Víctor se perfilaba como un tipo solitario e incomprendido, pero locuaz. Hablaría hasta con las piedras, como es el caso de la lápida, en el cementerio. Eso no significa que sintonice con el mundo que le rodea. La química de la comprensión sólo funciona, y de inmediato, con Clara, porque ella es una mujer tan a la deriva como el propio Víctor, e igualmente básica y naïf.

5. MONÓLOGO ENTRE VÍCTOR Y LA LÁPIDA DE SU MADRE MUERTA

«Hola, madre. Hace dos días que estoy fuera. No he venido antes porque he estado limpiando la casa... Esta mañana he ido al banco a cobrar tu herencia. Ciento cincuenta mil pesetas. Cuando venía para acá, intentaba calcular la cantidad de polvos que habrás tenido que echar para ahorrar ciento cincuenta mil pesetas. Más de mil polvos, seguro. En cambio yo he conseguido el mismo dinero sin haber follado una sola vez. No es justo. Yo no creo que sea justo...»

6. EN EL CEMENTERIO

Después de este monólogo emocionado (en el que Liberto Rabal hereda directamente el trono que Antonio Banderas dejó vacante en *Átame*) Víctor se da la vuelta y descubre una comitiva vestida con estupendos trajes oscuros y lo último en gafas negras de sol. Es el entierro del padre de Elena. Ella está irreconocible, el pelo recogido y oscuro le da un aire sobrio e intransigente. Pero a las mujeres les favorece el contacto con la muerte. Víctor la encuentra más seductora que nunca. A su lado, David se desplaza en silla de ruedas, acompañado por Sancho.

Rodeados de muerte, y por azar, nada más salir de la cárcel Víctor coincide con los personajes que le condenaron a ella.

Elena no sólo ha cambiado de peinado y de modo de vestir, del «lado más salvaje de la vida» ha cruzado y se ha instalado en la acera contraria.

7. EL AZAR

Incluso el homenaje a Buñuel, con la presencia de *Ensayo de un crimen*, ha sido producto de la casualidad.

Como fondo para la escena en la que Víctor y Elena discuten en el salón (y ella le amenaza con una pistola que se dispara al caer al suelo), yo quería que el sonido del disparo se confundiera con otro disparo procedente del televisor. Necesitaba, por lo tanto, elegir un film en el que hubiera un disparo.

Películas con disparos hay millones, a producción le di una lista aleatoria, con los primeros títulos que me vinieron a la memoria: el primero fue *Hard Boiled* de John Woo. Abundancia de tiroteos deliciosamente coreografiados, que ilustran una historia supernaïf y encantadora, ideal para que Víctor la estuviera viendo después, mientras vigila el desmayo de Elena. Para esa secuencia yo ya había elegido el momento en que un heroico policía, después de poner a salvo a toda una planta de un hospital infantil, huye del fuego con un bebé en la cadera, las llamas le han alcanzado el pantalón, el bebé apaga el fuego incipiente con una oportuna meada. Pero debían ser películas producidas antes de los 90, año en que se desarrolla la acción en *C.T.* Esto invalidaba el film de John Woo.

Mi segunda opción era *Tiger Bay*, de John Lee Thomson. De niño yo era fan de Hayley Mills, (nunca fui adicto al cine infantil, con excepción de la simpática Hayley Mills). *La bahía del tigre* me encantó en su momento. Vista con ojos contemporáneos la relación de asesino pasional (Horst Buchold) y la niña-testigo-rehén resulta increíblemente morbosa, ésa es la razón por la que el film no ha envejecido. Existe una pulsión sexual, soterrada pero evidente, entre la niña enamorada del asesino, que le da a la historia un toque moral tan equívoco como atrevido para la época.

La huida, de Peckimpah era la tercera de la lista. La pareja de amantes intercambiaba abundantes tiros y bofetadas, lo cual me permitía hacer un montaje paralelo, con la disputa de Víctor y Elena. Además adoro a Peckimpah, y a Jim Thomson, sus personajes tan desgarrados como desgarradores... (la relación Sancho-Clara posee cierto sabor thomsoniano, o eso me gustaría).

Thomson es a la literatura lo que Goya a la pintura.

También pensé en *Gun crazy* (Joseph H. Lewis), un thriller que rebosa fatalidad, donde los disparos forman parte de un show circense. Es la historia de dos virtuosos del tiro al blanco que además de amarse, dadas sus habilidades, están condenados a delinquir.

La última película de la lista era *Ensayo de un crimen*, la última cuyos derechos se consultaron. Por razones económicas, burocráticas, de asequibilidad o de tiempo resultó finalmente la elegida. Tuve suerte. *Ensayo...* y *Carne...* no sólo tienen un disparo en común, ambas películas hablan de la Muerte, el Azar, el Destino y la Culpa (todo esto lo descubrí después).

8. LA MUERTE

Para Buñuel, la muerte es parte del azar. Archibaldo de la Cruz, el protagonista de *Ensayo...*, se acusa ante la policía como autor de varias muertes que sucedieron porque él así las deseó.

La realidad demuestra que fue pura coincidencia en el tiempo, todas las muertes se debieron a causas naturales. Con una actitud típicamente española, Buñuel se burla de lo que más teme, la muerte y el complejo de culpa, dos sólidos pilares que soportan el peso de nuestra peor educación católica.

Mi generación y la de Buñuel fueron formadas en el miedo a la muerte y al castigo. Nacemos culpables de uno de los pecados más originales que se puedan imaginar, el llamado precisamente pecado original. Dudo que exista en la historia universal de la perversión, una invención más monstruosa que ésta (la del pecado original) para iniciar a un niño en el conocimiento de sí mismo y de Dios.

En *Carne trémula* la muerte acecha sin que nadie la desee, y sin que ninguno de los personajes sea capaz de evitarla, a pesar de lo previsible... Acontece por pura fatalidad. Ese sentimiento trágico de la vida (tan español como la esperpéntica burla de la muerte) impregna toda la película.

9. LA CULPA Y SU COMPLEJO

Elena se siente culpable de todo lo ocurrido en el vestíbulo de su casa la noche en que Víctor la llamó y ella no le recordaba (sólo le había visto una vez, en el lavabo de un afterhour y estaba muy «pasada»). La noche en que Sancho patrullaba por las calles de Madrid y no paraba de beber para olvidar la infidelidad de su esposa, Clara. La misma maldita noche en que David no se atrevió a confesarle a Sancho, su compañero, que él mismo, David y no otro, era el que se estaba tirando a su mujer, Clara. La noche en que el dealer no llegaba y Elena estaba cada vez más ansiosa y cuando Víctor llamó al portero automático, ella le abrió por error creyendo que era el dealer, y que después de insultar y humillar al chico, viendo que éste no se iba, le amenazó con la pistola de su padre. La noche en que el azar y la llamada de una vecina hicieron que en su vestíbulo irrumpieran dos policías armados y enormes dosis de fatalidad...

Elena expía su culpa a través de una caridad compulsiva. Además de casarse con el policía parapléjico, ha creado con unas amigas una Casa de Acogida infantil, a la que dedica todos sus esfuerzos (y su dinero). El complejo de culpa ha arraigado en ella de tal modo (como esas enredaderas que acaban engullendo las fachada de las casas, auténticas depredadoras) que Elena sólo concibe la vida como un continuo autocastigo. Su compulsión con las drogas ha sido sustituida por una generosidad igualmente compulsiva.

Vive asfixiada por su complejo de culpa (la palidez vampirizada de Francesca Neri es ideal para el papel).

Es la primera vez que en mis películas aparece una mujer con la piel tan blanca, pero no es la primera vez que utilizo el sentimiento de Culpa como motor para alguno de mis personajes.

El de Antonio Banderas en *Matador* tenía una madre que militaba en la secta del Opus Dei, Antonio era víctima de un complejo de culpa tan delirante que acaba acusándose de todo lo que ocurre a su alrededor, para su desgracia es alumno de un asesino en serie... de cuyas muertes naturalmente se acusa, por lo cual es encarcelado... (la mala influencia de esa madre opresiva me servía para denunciar la monstruosa educación religiosa que yo había recibido en mi infancia).

De un modo muy distinto, en *Tacones lejanos* el personaje interpretado por Victoria Abril utiliza su conciencia de culpa para agredir a los demás, en concreto a su madre, para llamarle la atención y para vengarse de ella. Se confiesa culpable de un asesinato, en pleno telediario del que ella es locutora, con la seguridad de asestarle un duro golpe a la madre que la estará viendo: la culpa como arma arrojadiza e instrumento de venganza.

Casi lo contrario de lo que ocurría en *Matador*.

En *Carne trémula* el complejo de culpa devora al personaje, le impide vivir con alegría y resulta tan nocivo como lo opuesto (es decir, la inconsciencia de los propios actos, o el desprecio hacia los demás). Probablemente Elena sea el personaje femenino más triste de los que he escrito. De hecho ésa es una de las novedades de *C.T.* respecto a mi cine anterior: la autonomía moral, la fiereza, la capacidad de decisión, etc., que hasta ahora habían adornado a mis personajes femeninos, en *C.T.* son características de los personajes masculinos.

Para superar los problemas uno no debería situarse en el extremo opuesto, y mucho menos de un modo fanático. Una de las escenas más crueles de la película es cuando Elena le confiesa a David que en su ausencia ha estado follando toda la noche. Desde su redención, Elena ha decidido no volver a mentir, ya mintió bastante cuando estuvo enganchada. Pero la verdad puede destruir en la misma medida que la mentira.

A la mañana siguiente, cuando David le pregunta qué piensa hacer, ella le responde «Quedarme contigo... porque tú me necesitas más que él...»

Lejos de suponer un alivio, la sinceridad y la generosidad de Elena resultan insultantes y desde luego humillantes. Y provocan que el propio David reaccione de un modo perverso: está bien, le dice, seguiré aprovechándome de tu complejo de culpa.

10. EL GÉNERO

Como casi todas mis películas, *Carne trémula* no es fácil de clasificar en cuanto a género. Sólo sé que es la película más desasosegante que he hecho hasta ahora, y la que más me ha desasosegado.

No es un film de suspense, ni policiaco, aunque haya policías y disparos con culpables que son inocentes. Tampoco es una secuela de *Arma letal*, aunque haya dos policías, uno joven y otro mayor. No es un western crepuscular, aunque me gustaría rodar uno algún día. Tampoco es una película erótica, aunque haya varios polvos explícitos, naturales y didácticos, y la historia transcurra en el terreno del deseo carnal más descarnado. A juzgar por las primeras reacciones, parece que me ha salido un film muy sexy. Desde luego, los protagonistas poseen una presencia arrolladora y un indudable tirón físico.

C.T. es un intenso drama, barroco y sensual (totalmente independiente de la novela de Ruth Rendell que lo inspira) que participa del thriller y de la tragedia clásicos.

11. EPÍLOGO

La película empieza y termina con un nacimiento en plena calle y durante las fiestas navideñas. En el primero nace Víctor, mientras la voz de

Fraga Iribarne desgrana por la radio (con una dicción atropellada, impropia de una persona cultivada) el horror que significa para el pueblo español la declaración del Estado de Excepción. El segundo nacimiento es el del hijo de Víctor.

Víctor y la futura madre están atrapados en un atasco. Aunque los nervios ante la inminencia del parto sean los mismos, las circunstancias no admiten comparación. Veintiséis años antes, las calles estaban desiertas, ahora el bullicio hace que los coches no puedan ni moverse, las aceras están repletas de gente alegre, borracha y consumidora. Hace tiempo que en España la gente ha perdido el miedo, sólo por esa razón el hijo de Víctor nace en un país mucho mejor que en el que nació su padre.

No se me había ocurrido (pero pensando en el género, tan difícil de asignar), tal vez *Carne trémula* no sea sino un cuento de navidad. Odio la navidad, pero me gustan los cuentos navideños, especialmente si son muy tristes.

PEDRO ALMODÓVAR